질문의
품 위

질문의
품 위

이우걸 ■ 산문집

■ 책머리에

  산문은 작자의 알몸을 가릴 방법이 없다. 그래서 시인 중에는 한 편의 산문도 남기지 않으려 노력하는 사람도 있다. 그러나, 어차피 소통을 전제로 한 글쓰기에 생애를 투자해온 사람이라면 소박하게 자신의 얘기를 산문으로 남기는 일도 무의미하지 않다는 생각이 든다. 작품을 얘기하건 시대를 얘기하건 아니면 자연을 얘기하건 결국은 작자 자신의 얘기이다. 펼치기 보다는 정리하는 것이 미덕일 수밖에 없는 나이에 그간 써온 글들을 이렇게 모아 보기로 했다. 숙명처럼 시조에 매달려온 나에게 산문은 친화적일 수 없었지만 여러 지면에서 발언을 해온 것은 사실이다. 모아보니 많이 부끄럽다. 그러나 이 또한 나의 현실이니 받아들일 수밖에 없다. 바쁜 일상 속에서 시간 쪼개어 써온 이 글들이 나를 이해하고 내 시조를 이해하는데 도움이 될 수 있다면 좋겠다.
  손정순 사장님 그리고 나를 도운 정겨운 이들에게 고마움을 전한다.

2010년 봄
이우걸

_차 례

책머리에 · 7

1부

아, 어머니여 · 15
질문의 품위 · 19
꽃의 자서自敍 · 23
철새는 날아가고 · 28
거울 앞에서 · 32
소도蘇塗를 그리며 · 37
주도酒道 · 41
강, 그리움을 퍼나르는 내 영혼의 성소聖所 · 45
지우기에 대하여 · 51
《서정과 현실》을 창간하면서 · 55
직방에 대한 단상 · 58

2부

세 사람의 아버지 · 65

바겐세일 · 73

섬 · 77

눈물 · 84

경청하는 사회를 고대하며 · 89

손 · 93

아름다운 광기狂氣 · 97

다이어트 · 105

아, 초정 선생님 · 109

술꾼, 말꾼, 적자꾼 · 113

3부

편지 · 119
규격품은 더 이상 팔리지 않는다 · 123
고엽 서우승을 추억하며 · 127
'금'에 대한 단상 · 133
선물 이야기 · 137
우리 말 우리 글 잘 보존해야 · 141
대여 김춘수 선생님을 기리며 · 145
수능이 스쳐간 자리 · 150
경남문학관 새로 지어야 · 154
지루한 의식儀式 개선해야 한다 · 158

4부

습관 · 165
시 읽는 사회를 고대하며 · 170
남해 유배문학관 건립에 부쳐 · 175
자살 예방교육 반드시 필요하다 · 179
사회의 그늘을 걱정하며 · 183
꿈, 비전 그리고 희망의 리더십 · 187
눈물 없는 시대의 문학 · 191
문화예술교육과 구안具眼 · 195
양념 혹은 조연 이야기 · 199
성파 스님 생각 · 203
부드러운 사람을 기다리며 · 205

1부

젊니젊은 삼십대에 6남매를 두고 아버진 일본에 징용으로 끌려 가셨으니 농사일이 생업인 그 시절 어린 아들딸과 가슴을 파듯 언 땅을 파며 식구들의 생명부지에 재산을 다 바친 분이다. 그럼에도 품절에 의연하셨고 사리에 분명하셨고 남편 섬기기에 지극정성이셨다. 해방이 되어 아버지가 돌아오시고 나는 해방 이듬해에 태어났다. 내가 철이 들 무렵에도 우리집 경제는 어머니의 지혜와 형님들의 노동으로 일구어졌다. 아버진 별 도움을 줄 수 없는 처지였다. 자식들이 아버지 잘 못 모실까 염려해서 훈계하고 스스로 남편을 깍듯이 예우하셨다. 형님이 가정 경제를 이끌어 가실 때쯤 나는 고등학교를 다녔다. 늘 용돈은 부족했고 배가 고팠지만 많은 금액을 타오기가 어려웠다. 그럴 때마다 형님, 형수 몰래 막내 얼굴 살피시며 동구 밖까지 따라 나오셔서 따로 용돈을 보태주시며 "배울지 말아라" 당부하시던 어머니였다. 고마운 어머니, 천사 같은 어머니, 한 많은 어머니 얘기를 더 많이 하고 싶다. 그러나 이 얘기는 나만의 얘기가 아니리라. 이 땅의 모든 아들딸들의 어머니, 아니 세계의 모든 아들딸들의 어머니에 관한 얘기리라.

아, 어머니여

아, 어머니여

 돌아가시기 삼주 전이었다. 어머니께 용돈을 드렸더니 "이제 소용없다. 앞으로 나한테 용돈 줄 생각하지 말고 너거 집 단속이나 잘 해라"고 하셨다. 그리곤 물끄러미 막내아들인 나를 보고 계셨다. 특별히 불편하시지도 않았고 마음 상하신 일도 없어서 몇 번이고 다시 드렸더니 나중엔 역정을 내시며 거절하셨다. 그리고 삼주 뒤에 별다른 병명 없이 잠들듯이 어머니는 이승을 떠나셨다. 팔십사 세였다.
 젊디젊은 삼십대에 6남매를 두고 아버진 일본에 징용으로 끌려 가셨으니 농사일이 생업인 그 시절 어린 아들딸과 가슴을 파듯 언 땅을 파며 식구들의 생명부지에 자신을 다 바친 분이다. 그럼에도 물질에 의연하셨고 사리에 분명하셨고 남편

섬기기에 지극정성이셨다. 해방이 되어 아버지가 돌아오시고 나는 해방 이듬해에 태어났다. 내가 철이 들 무렵에도 우리집 경제는 어머니의 지혜와 형님들의 노동으로 일구어졌다. 아버진 별 도움을 줄 수 없는 처지였다. 자식들이 아버지 잘 못 모실까 염려해서 훈계하고 스스로 남편을 깍듯이 예우하셨다. 형님이 가정 경제를 이끌어 가실 때쯤 나는 고등학교를 다녔다. 늘 용돈은 부족했고 배가 고팠지만 많은 금액을 타오기가 어려웠다. 그럴 때마다 형님, 형수 몰래 막내 얼굴 살피시며 동구 밖까지 따라 나오셔서 따로 용돈을 보태주시며 "배곯지 말아라" 당부하시던 어머니였다. 고마운 어머니, 천사 같은 어머니, 한 많은 어머니 얘기를 더 많이 하고 싶다. 그러나 이 얘기는 나만의 얘기가 아니리라. 이 땅의 모든 아들딸들의 어머니, 아니 세계의 모든 아들딸들의 어머니에 관한 얘기리라.

하인스 워드를 자랑스럽게 키워낸 김영희씨가 어떤 사람인지 나는 모른다. 다만 미식축구 선수인 그의 아들은 "언제나 최선을 다해서 하면 못 이룰 게 없다. 남에게 의존하지 말라. 직접 이뤄나가라."는 3가지 가르침을 어머니가 뼛속 깊이 새겨주셨다고 한다. 말도 안 통하는 미국의 호텔에서 하루 8시간씩 투숙객을 객실로 안내하는 일을 했고 밤에는 물리치료사로 일하면서 뒷바라지한 이미희씨의 딸이 미국 NBC 방송의 게임쇼 "딜 오어 노딜"에서 '하우이'라는 이름의 고정 진행자로 활약하고 있는 한국계 혼혈여성 어슐러 메이스이다.

이천육 년 시월 삼일 일곱 시 십 분 부산 동구 초량 2동 주택가 2층 건물의 1층에서 불이 나자 7세 아들을 구하기 위해 뛰어든 이십대 어머니가 있었다. 결국 그녀는 숨졌다. 경찰조사 결과 그녀는 3년 전 교통사고로 남편과 사별한 뒤 당시 6세, 4세인 두 아들을 시댁에 맡겨 키워왔으며 형편이 나아지자 둘째 아들을 먼저 데려와 함께 지내온 젊디젊은 여인이었다.

　물론 외국의 경우도 다르지는 않은 것 같다. 유태인교사의 장남으로 독일 발렌 지방의 중소도시 퓌르트에서 태어난 키신저도 미국 이주 그리고 하바드 대학 졸업 등 그의 기적적인 성취에는 아들의 정신적 안정과 기 살리기에 정성을 다 한 어머니의 공이 제일 크게 기여했다. 또 한때 왕조라고 부를 만큼 중요 정치지도자를 배출한 케네디 가문도 정신적 기둥은 존 에프 케네디의 어머니 로즈 여사였다. 대가족주의와 전통적 가정교육을 중시한 로즈 여사는 9명의 자녀를 키우면서 독서, 금전교육, 여행 등을 통해 미래의 인재를 길러냈다.

　인류가 오늘날까지 지속적으로 변화·발전해온 데 어머니의 역할만큼 중요한 힘이 있었을까. 어머니의 노동 가치를 산술적으로 계산할 수 있을까. 발자크의 어머니처럼 아이들을 자신의 장식품으로 생각했던 사람이 없진 않았지만 어머니는 우리와 함께 살고 있는 천사임에 틀림없다.

　　어머니는 죽어서 달이 되었다

바람에게도 가지 않고
길 밖에도 가지 않고
어머니는 달이 되어
나와 함께 긴 밤을 멀리 걸었다.

— 감태준, 「사모곡」

　시인 감태준은 인용한 시 「사모곡」에서 영원히 죽지 않는 어머니를 노래하고 있다. 연속되는 아스팔트 길과 콘크리트 담 사이를 돌면서 또는 대리석 흰 벽에 갇혀있는 사람들의 불안정한 맥박을 어머니의 환영이 다독여 준다. 어머니가 시골에 계시거나 하늘나라에 계시거나 혹은 다른 나라에 계시거나 관계없이 이 땅의 아들, 딸들은 어머니의 영혼으로 거친 세상을 이겨나간다. 세상에서 가장 아름다운 이름 어머니여.

(2008)

질문의 품위

"공부할 땐 질문을 많이 하도록 유도하라"는 것이 유태인들의 천재 교육을 위한 한 지침이다. 사물에 흥미를 갖고 관찰하고 의문을 가졌을 때 스스럼없이 질문하는 것이야말로 자기 발전의 가장 중요한 수단이다. 그 질문은 물론 스승에게 할 수도 있고 상급자에게 할 수도 있고 자기 자신에게 할 수도 있다. 떨어지는 사과를 바라보고 스스로에게 질문을 하던 뉴턴은 만유인력을 발견했고 '꿈이란 무엇인가'라는 물음에 자신을 던진 융은 훌륭한 심리학자가 되었다.

질문은 그처럼 중요하다. 그런데 이러한 질문이 억압받는 시대에 살고 있다면 그 사회를 민주사회라고 부를 수 없을 것이고 또 다르게는 건강한 사회라고 얘기할 수 없을 것이다. 그러나 나와 같은 세대인 60대는 늘 그런 억압 속에서 살아왔다.

 엄한 아버지 앞에 함부로 말씀드릴 수 없었고 사회 분위기는 '벽에도 귀가 있어서' 자신이 품은 의문을 질문하기 어려웠다. 높은 사람과의 질의 응답시간에는 질문이 사전 접수되어 허락한 질문만 하는 각본에 따른 연극이 대부분이었다.

 그 사이 시간이 흐르고 세상이 변하여 우리가 이제 눈치 안 보고 질문할 수 있는 시대를 만들었다. 참으로 많은 발전을 했다. 질문만 마음대로 할 수 있다면 정말 좋은 세상이 될 것이라는 믿음을 우리 세대는 늘 가지고 살아왔다. 그러나 이즈음에 와서 나는 아니 나뿐 아니라 대부분의 사람들은 질문이 허용되는 사회라고 건강하고 아름다운 사회가 될 수 없다는 사실을 깨닫게 되었으리라 생각된다.

 이제 우리가 다시 고민해야 하는 것은 폭력적 질문의 방지책이다. 그렇다면 학교에서 교사와 학생 혹은 학부모 사이에 우발적으로 오가는 감정적 질문들, 사회에서 소비자와 공급자 사이에 오가는 경박하고 폭력적 질문들, 의정단상이나 사이버 상에 넘쳐나는 비인격적 어투의 질문들을 바라보면서 우리는 이러한 현상의 심각성을 뼈저리게 느끼고 그 대책을 세우고 있는가라는 질문을 해본다면 누구도 자신 있게 대답하기 어려울 것이다. 언제나 공포에 질려 질문을 당당하게 할 수 없었던 사회에 살았던 우리가 에티켓도 갖추지 못한 저질 질문, 폭력적 질문 때문에 곤욕을 치르리라고 감히 상상이나 했던가. 그런데 현실은 그런 형국에 이르렀다.

 상대를 존중하는 질문, 단계적으로 심도를 더해가는 질문, 가능하면 이타적인 질문, 내가 원하는 답이 무엇인지를 상대방에게 알 수 있도록 하는 친절·명확한 질문, 뽐내기 위한 질문이 아니라 얻으려는 질문, 건강한 질문이 아쉽다. 교만하기 짝이 없는 질문, 답보다는 기를 제압해 보려는 질문, 무슨 답을 요구하는지도 모를 정도로 초점이 없는 질문, 소양부족의 질문, 논리성이 결여된 질문이 학원에서, 사회에서, 국회에서 횡행하고 있다는 느낌을 종종 갖게 된다. 좋은 질문은 긍정적인 에너지를 만들어낸다. 질문은 소통을 전제로 하는 것이다. 질문이 그런 전제를 외면하고 거칠게 들끓게 되면 인명도 앗아간다. 바로 악플들의 저주가 젊은 연예인들을 죽게 한 것은 그 사례가 된다. 조용하게 이성적으로 질문해도 거짓말을 하는 사람의 답변은 자신이 없고 떨리게 마련이다. 포인트가 없는 답변은 더 투명하게 드러난다. 국감장에서나 감사장에서나 아무리 크게 호통을 쳐도 이치에 맞지 않는 질문에는 두려움이 있을 리가 없다.

 질문이 무용하던 시대, 질문을 할 수 없던 시대, 질문을 해놓고도 죄지은 것은 아닌가 내내 뒤끝이 개운하지 않아서 잠 못 이루던 시대를 지나서 질문이라도 마음 놓고 하면 소원이 없겠다고 생각해 왔는데 이제 그런 시대가 오니 오히려 질문이 독을 품고 세상을 어지럽히고 질문이 너무 잘난 척하고 질문이 사람을 다치게 하고 있다.

  이러한 현상도 우리 사회 발전의 한 과정이라고 좋게 생각해 보기로 하자. 그러나 문제의식만은 가져야 한다. 그리고 방지책을 강구해서 힘을 모아 실천해야 한다. 질문이 문제가 있다고 해서 질문을 막을 수는 없으니 말이다. 소크라테스는 질문을 통해서 제자를 가르쳤고 논어나 성경은 대부분 공자나 예수와 그 제자들의 질문과 답변의 산물이다. 토론을 통한 지식만큼 단단한 지식은 없다. 그럼에도 불구하고 너무 거칠게 휘몰아치는 예의 없는 질문들에 대해, 또는 경박한 질문, 기본마저 되어 있지 않은 질문들에 대해 나는 질문하고 싶다. "왜 그렇게밖에 질문할 수 없느냐"고. 이번 국정감사에서 선전한 국회의원들의 성공비결이 전문성과 논리성이었다는 사실을 통해서도 저질 질문 개선에 대한 국민들의 여망은 점점 수위를 더해가고 있다는 증거가 되리라.

(2008)

꽃의 자서自敍

꽃이 핀다는 것은 자연의 섭리이다. 순환의 질서이다. 지구상에 수없이 일어나는 풍경의 한 모습이라 특별히 주의를 기울여 관찰할 만큼 흥미롭지도 않다. 그러나 시인이 그의 시에 '꽃이 핀다'라고 적었을 때 독자들은 무심히 바라볼 수가 없다. 여기에 표현된 꽃은 일반적 현상과 다른 얘기를 독자에게 건네려 하기 때문이다. 지극히 자연에 가까운 표현으로 꽃을 그리고 있는 소월의 「산유화」도 '저만치 혼자서 피어 있네'라는 쉽게 닿기 어려운 명구가 있다. 김동리는 「청산과의 거리」라는 미문의 평론을 통해 그 비밀을 열고 싶었지만 명쾌한 해석에 도달할 수는 없었다. 그 미묘한 불가해의 영역이 문학의 마력인지도 모른다. 꽃은 앞서 거론한 소월이나 미당, 혹은 대여 등 한국의 대가들이 인상적인 시편을 빚어 이 땅의 시사詩史에 봉헌함으로써 선명한 자취를 남긴 소재이기도 하다. 그러나 대체로 많은 시인들이 노래한 꽃에 대한 시들이 심오한 자연의 이치나 창작의 과정이나 존재론적 관점의 미학을 은유적으로 보여주었을 뿐 시인 스스로의 역정을 드러낸 경우는 거의 없었다. 과문한 필자로서는 단정적인 어사가 꺼림칙해서 "거의"라는 표현을 썼을 뿐 아예 읽어보질 못했다. 그런 의미에서 초정의 「꽃의 自敍」는 독특한 작품이다.

>지난 철 가시구렁 손톱이 물러빠져
>눈덮힌 하늘 밑창 발톱마저 물러빠져
>뜨겁고 아픈 경치를 지고 내 예꺼정 왔네.
>
>뭉개진 비탈 저 쪽 아득히 손차양하고
>귀밑 볼 사운대던 그네들 다 망설여도
>오지게 눈치 없는 차림 내 또 예꺼정 왔네.
>― 김상옥, 「꽃의 自敍」

여기서 "꽃"은 시인 자신으로 읽힌다. 그렇다면 한국 시조문학의 거봉으로 오늘이 있기까지 그 신고辛苦의 과정을 두 수의 시조가 압축해서 표현하고 있다고 유추할 수 있다.

1920년 통영에서 태어난 초정은 9세에 부친을 여의었으며

13세에 온갖 어려움을 견디어 내고 통영 공립 보통학교를 졸업했다. 그 후 생계를 위해 향리의 남강 인쇄소 인쇄공으로 일하면서 우리나라 최초의 시조 동인 「참새」에 합류했다. 1936년에는 조연현과 「아(芽)」동인으로 활동했고 일경의 감시를 받아오다가 윤이상과 함께 체포되기도 했다. 결국 유랑 생활을 하지 않을 수 없었으며 1938년 함경북도 청진의 한 서점에서 일하면서 함윤수 등과 「맥」동인 활동을 했다. 그리고 20세가 되던 1939년 《문장》지에 가람 이병기의 추천으로 등단했다. 이처럼 가난과 시대와의 불화는 초정의 생애를 위협해온 숙명적인 고통이었다. 그 고통의 원인은 부조리한 현실에 대항할 수밖에 없는 올곧은 양심 때문이라고 생각된다. 식민지 시절에 그 양심은 애국심으로 무장되어 있었고 해방 후 독재정권 시절에는 철저한 야인으로, 뼈있는 가락으로 행동하고 노래하게 했다. 누구처럼 세상을 떠들썩하게 하지도 않으면서 늘 어둡고 아픈 대상을 조명했고 험악한 분위기라 해도 눈치 보지 않고 정의로운 것이면 당당히 주장하며 살아왔다. 그러한 역정을 첫 수의 내용이 말해주고 있다. 비유를 거느렸다 해도 직설적인 느낌으로 다가오는 이 시편은 격하고 불안정한 증언의 그림이다.

 또 하나의 특징은 70년대 이후 언어들이 초정이 갈고 닦은 고전적 언어가 아니라는 사실이다. 이미 언급한 바와 같이 폭압의 정치시대에 한 야인의 신분으로 시대를 냉소하며 보여준 그의 시어들은 대체로 이 작품과 같았다. 「옥적」, 「백자부」, 「봉선화」 등 섬세하고 맑고 따스한 서정에 길들여진 초정의 독자들이라면 다른 시인의 작품으로 오해할 만큼 편차가 크게 벌어진 것이다. 아울러 회고의 느낌이 가득한 이 시편 속에서 오히려 강개한 시인의 신념을 읽게 되는 것은 쉽게 만날 수 있는 예술적 경지가 아니라는 특징이 있다. 시대의 갈등에 몸담지 않으려는 '손차양' 하고 '귀밑 볼 사운대던 그네들'과는 다르게 '오지게 눈치 없는 차림'으로 살아오는 것이 진정한 승리의 삶임을 모를 독자는 없다. 그러나 그 뻔한 이치가 춥고 배고프고 두려운 것이기 때문에 아무나 쉽게 실천하지 못한다.

"진실로 詩를 찾는 노릇, 詩를 빚는 몸가짐이 얼마나 至難하며 또 얼마나 至福한지, 내 비로소 어렴풋이 깨달아짐을 알겠다"

인용한 문장은 「꽃의 自敍」가 실린 시집 『삼행시 육십오편』 서문의 일부이다. 시인이 '시를 찾는 노릇'과 '시를 빚는 몸가짐'이 왜 '至難'하다고 했을까? 물론 좋은 시인이 언어를 고르는 작업은 평범한 시인과는 다르다. 그런 고통보다 더 힘든 것이 시를 빚는 '몸가짐'이 아니었을까. 이쯤에서 우리는 시정신이라는 낱말을 떠올리게 된다. 시정신은 물론 시의 내용도 주제도 아니다. 시의 사상도 아니다. 시정신은 불멸하는 시인의 혼이요 깨어있는 시인의 의식이다. 그 시인의 전 시편을 관통하는 생명 있는 정신이다. 훈장도 벼슬도 거부한 초야의 선비로 초정은 일생을 갈무리 했다. 그러나 가슴 깊숙이 끓는 정의감 혹은 애국심은 노년에 와서도 다스릴 수 없는 활화산이었다. 그 뜨거운 가슴이 우리 시조의 오늘을 있게 했다. 따라서 이 시조는 붕대 속에 숨겨진 상처가 밖으로 밀어내는 핏빛 같은 언어로 초정의 생애를 증거하는 시로 쓴 자서전이다.

(2007)

철새는 날아가고

70년대에 제대 복학생이었던 나는 주로 도서관에서 책을 읽으면서 시간을 죽였다. 계절과 관계없이 특별히 갈 곳이 없었기 때문이다. 무슨 거대한 주제를 파고드는 공부도 아니고 잡지나 문예지나 시집이나 닥치는 대로 읽었다. 그것이 나를 편안하게 했고 그런 장소가 내겐 복잡한 상념을 잊게 하는 도피처였다. 물론 젊은 제대 복학생의 복잡한 상념이란 이상과 현실 사이의 문제, 진로와 자신의 여건, 그리고 이성교제 등에 대한 관념적 고민이 대부분이었다.

내게 두 번째 도피처는 무아無我라는 다방에 가는 것이었다. 시인 이하석이 마치 주인처럼 자리하고 있는 이 다방은 내가 만나야 하는 시인이 없을 땐 서둘러서 '엘 콘도르 파샤(El

Condor Pasa)'라는 팝송을 들려주었다. 맑은 봄날이나 여름이나 낙엽 지는 가을이나 눈 오는 겨울이나 이 노래는 한의 덩어리 같은 불만을 가득 안고 있는 시골 대학생을 언제나 젖게 했다.

나는 이 노래와 연관되어 있는 호세 가브리엘 콘도르 칸키의 이야기를 알지도 못했고 마추픽추를 떠날 수밖에 없었던 잉카인의 슬픔을 이해하고 있지도 않았다. 그저 그 곡의 애절함이, 그 가수의 절절한 호소력이 나의 울분, 서러움을 끌어내어 함께 흐르게 한다고 느꼈을 뿐이다. 따라서 내게 철새는 슬픈 새라는 고정관념으로 남아있다.

그런데 선거철에 비유되는 철새 또한 슬프기는 마찬가지인 것 같다. 물론 어쩔 수 없이 철새가 되어버린 '철새는 날아가고' 속의 비운을 타고난 철새가 아닐지는 모르지만 말이다. 국회의원이 언제나 지역을 지킬 수 있는 것도 아니고 지역을 잘 아는 사람만이 좋은 국회의원이 된다는 보장도 없다.

그런데도 선거철이면 철새 논란이 왜 재현되는가. 이 우문에 답하기 위해서 몇 가지 얘기하고자 한다. 첫째는 지역을 알아도 민의를 잘 대변하지 못하는데 엉뚱한 낙하산 공천은 황당한 횡포라고 생각하는 사람이 적지 않다는 사실이다. 우리나라 정치풍토의 개선으로 상향식 공천을 거론하고 일면 그런 노력들을 하고 있지만 아직도 미미한 수준에 머물러 있다. 그런 제도가 좀 더 활성화되었다면 훨씬 민의가 많이 반영되는 정당 공천이 이루어졌을 것이다. 아울러 경선에 패배한 사람들의 승복도 더 쉬워졌을 것이고 따라서 무소속 출마의 명분마저 약화되어 국민의 지지를 받기 어려웠을 것이다.

두 번째로 지역에 연고를 둔 후보라 해도 철새인 경우가 많다는 사실이다. 언제 지역을 위해 제대로 봉사한 적이 없는 많은 사람들이 철만 되면 찾아와서 표를 달라고 고개를 숙이니까 그런 이름을 떠올릴 수밖에 없다. 준비하고 공부하고 신념을 지닌 사람들이 지역민들에게 작은 실천이라도 행동으로 보여주었다면 분명 그런 불신을 극복할 수 있었을 것이다.

세 번째로는 정당정치와 관련된 것이다. 우리나라 정당의 정강이나 정책이 어떻게 만들어지는지를 유권자가 속속들이 알 필요는 없다. 그러나 그런 정강이나 정책이 타당과 어떻게 다른가에 대해서는 분명히 알 필요가 있다. 정당은 정당 나름의 존재 이유가 있을 것이다. 비슷한 정당이라면 통합해야 하고 색깔이 달라서 존재해야 한다면 타당과 변별되는 정당 정책을 분명히 밝혀야 한다. 지지 배경 지역을 제외하면 거의 차이가 없는 정당이라면 나뉘어져서 꼭 존재해야 하는가에 대해 고개를 갸웃거리는 사람들이 많다. 당을 옮기는 사람이야 무슨 말이든 변명이 있기 마련이지만 이당 저당 옮겨 다니는 후보자를 좋아할 유권자는 없다.

이제 선거는 끝났다. 끝난 잔치판 뒤엔 정리가 필요하다. 성공한 후보자는 국민의 좋은 대변인이 될 수 있도록 노력해 줄 것을 당부한다. 국민 전체의 이익을 대변할 뿐 아니라 지역구민의 바람을 실천할 수 있는 소중한 일꾼이 되었으면 한다.

아울러 철새처럼 새로운 귀착지를 찾아 떠나야할 후보도 있을지 모른다. 물론 선택은 본인들의 자유다. 다만 유권자의 한 사람으로 부탁하고 싶은 것이 있다. 이왕 지역을 위해 봉사할 생각을 굳혔다면 고향의 텃새가 되어 지역민과 함께 하는 삶을 살았으면 싶다.

이제 민주화시대의 지도자는 중앙에서 만들어지는 것이 아니라 민초들의 입과 입을 통해 전해지고 눈과 눈을 통해 발견되고 가슴과 가슴으로 공감되는 사람이어야 하기 때문이다. 철새는 또 다시 날아갈 것이 아니라 되돌아와서 지역민과 희로애락을 함께하는 텃새가 될 때 새로운 내일을 기약할 수 있을 것이다.

(2008)

거울 앞에서

1

우리는 모두 바쁘게 산다. '정신없이 산다'는 말을 어처구니없이 용서하며 산다. 그런 와중에서도 넥타이 바로 매고 걸어가는 목표는 있다. 올해는 '대리' 꼬리 떼는 해, 올해는 적어도 '부장' 승진 순위에 올려놓는 해라고 정해놓고 가만히 생각해 본다.

피해 입을 사람이 떠오른다. 선배, 연장자, 입사 고참…, 떡 줄 사람은 생각도 안하고 있는데 고민을 당겨서 한다. '밀어 붙일 수밖에 없다.' 덮고 있던 이불을 걷어차고 단호히 외치며 벌떡 나도 모르는 사이에 일어난다.

"올해도 처갓집엔 안 가겠다 이거지요? 홍, 밀어붙여 보세요. 잘 되는지, 그렇게 안 될걸요?"

 음식을 만들던 아내가 부엌에서 나와 영문도 모르고 공격을 한다. 아닌 밤중에 홍두깨 격이다. 세세히 설명하면 더 왜소한 남자 같이 보일 것 같아 피식 웃고 다시 누워버린다. 새해에 대장부의 목표가 겨우 이래서야하는 생각이 들어 다른 꿈을 찾아본다. 동양화를 해 볼까. 서예를 해 볼까. 아니다 독서를 하자. 그러나 '회사일도 바쁜데 독서는 무슨 독서' 하는 생각을 해 본다. 너그러운 사람이 되자. 분명한 가치관을 갖고 살아보자. 언제나 내가 조금씩 손해 보자.

 공상은 공상을 낳는다. 거대한 조직사회의 이름 없는 부속품이 되어 회전하던 우리가 비로소 우리 자신을 찾는 시간이다. 연초의 작은 휴식은 그래서 소중하다. 이런 저런 생각 끝에 결국 만나게 되는 게 고향이다.

 내가 힘들고 불행할 때 그 어둠의 벼랑 끝에서도 광명의 길을 열어주기 위해 우리 모두의 마음속에 신앙 같은 어머님이서 계시기 때문이다.

2

 강물이 밤비에 불어났네
 끝없는 강 위에 배가 떠가네
 고향에 깃든 봄을 생각하고

쓸쓸한 마음 달래고 있네.

전강야우창허사(前江夜雨漲虛沙)

만리동정일범사(萬里同情一帆斜)

요상고원춘이도(遙想故園春已到)

공회무뢰좌천애(空懷無賴坐天涯)

― 김부용, 대황강노인(待黃岡老人)

여류시인 운초雲楚 김부용의 한시를 사색의 다잔에 연잎인 양 띄워본다. 조선조 김이양의 애첩이었던 이 시인의 사향시思鄕詩가 내게는 절실하게 와 닿는다. 왜 그럴까? 정초는 늘 사람들의 마음을 고향 쪽으로 흐르게 하기 때문일 것이다.

그렇다. 정초의 마음은 고향에 닿아 있다. 톱니바퀴에 물려 돌아가던 우리들이 잠시 여유를 얻어 고개를 들 때 고향은 가장 큰 깃발을 들고 우리 앞에 서 있기 때문이다.

고향에는 누가 살고 있을까? 무엇이 고향에 살고 있기에 이토록 그립고 아름다운 마음을 자아내게 될까?

인생의 남은 시간들을 외롭게 갈무리하고 계시는 늙은 어머님의 흰 머리칼, 조상 대대로의 유택이 이제 마을을 이루고 있는 동산, 늘 큰 인물이 되어야 한다고 하시면서 흠 없는 과일만 흠 없는 그릇에 담아주시던 할머니가 생시에 밟으며 사시다 남기고 간 섬돌, 대청 구석에서 수세미물로 세수를 하고 긴 머리를 빗던 누나가 쓰던 세숫대야, 또는 이미 재혼을 하고도 화평과는 거리가 멀다는 옛 애인의 소식이 애잔한 가락으로 들여오는 곳, 나에게는 그곳이 고향의 모습이다. 그곳에서 태어났고, 그곳에서 뛰놀았고, 그곳에서 자랐기 때문에 그 애잔한 가락에서도 핏줄이 흐르는 것을 느낀다. 고향을 생각하는 것은 자신을 거울에 비춰보는 일과 같다. 자신의 작은 상처까지도 낱낱이 들추어내기 때문이다. 반성하는 일이 이것이요. 신토불이身土不離의 정신으로 결국 되돌아오는 공부가 바로 이것이다.

내가 아는 어느 평론가는 서울대 불문과를 나와서 대학원에 다니다가 시골 사람들의 모내기 노래 소리를 듣고는 다시 국문과 3학년에 편입해서 지금은 국문과 학생을 가르치는 교수가 되었다. 그는 어느 글에서 "모내기 노래 소리를 들으며 내가 해야 하고, 하고 싶었던 것이 프랑스 문학이 아니고 바로 저것이다." "나는 고향을 떠나기 위해 공부를 했지만 참된 공부는 고향에 돌아오기 위해 하는 것이라고 생각했다."라고 말하고 있다. 감동스러운 얘기이다.

3

지난 시월 어느 날 어머님을 뵙기 위해 나는 고향에 다녀왔다. 늘 그러지는 못하지만 그때는 육십호 남짓한 우리 동네를 한 바퀴 돌며 인사를 나누었다. 대부분이 노인분이고 또 동생들 조카들도 노인이 되어가고 있었다. 만성적인 질환, 경제적인 어려움, 외로움 등으로 그분들은 그분들 분량으로는 너무 많은 고난을 말없이 운반하며 살고 있었다. 그런데 참 기이한 얘기를 들었다. 바로 3일 전에 어느 일족의 장례가 있었는데 섭섭한 일이 일어났다는 것이었다. 이야기인즉 비교적 성공한 부산 양반인데 영구차만 부산에서 고향까지 갖고 오면, 산까지 운반해야 할 상여는 고향사람들이 맡아줄 것이라고 생각했는데 상황이 그렇게 되질 못한 것이었다. 상여를 맬 사람이 없었기 때문에 결국 상주들이 운반할 수밖에 없었고 그게 큰 화제로 여러 사람들 입에 오르내린다는 것이었다. 그리고는 고향을 섬길 줄 알아야 복을 받는다고 덧붙였다.

이승에서 저승으로 가는 마지막 행사가 장례식이다. 그런데 그 상여를 맬 사람이 고향에 없었다는 것은 무얼 의미할까? 적어도 망자와 가족들이 고향을 버린지 너무 오래되었다는 뜻이고 또 다르게는 감싸주고 용서하고 안아주던 그 옛날의 고향은 점점 사라져가고 있다는 뜻이 아닐까?

어쨌건 슬픈 일이다. 우리는 고향을 가꾸어야 한다. 고향생각은 영혼의 거울을 닦는 일이다. 자가운전자가 일찍 일어나 거울을 닦고 운전석에 앉는 것만큼이나 당연하고 중요한 일이다. 먼 길을 가기 위해 거울을 닦는 자가운전자처럼 우리 고향을 생각 하자. 고향을 가꾸자. 그게 참된 개안開眼이고 출세하는 길이고 사람되는 길이 아닌가. (1995)

소도蘇塗를 그리며

 개혁은 어렵다. 어떤 기존의 제도나 법들도 다 그 나름의 존재의의가 있고 그 제도나 법을 옹호하는 세력이 있기 때문이다. 역사적으로도 그런 일의 어려움을 대변하는 선례가 많다.

 송나라 신종 때 왕안석은 혁신적인 법을 실시했다. 그 법을 실시해야하는 사회적 배경은 문치주의의 폐해를 극복해보려는 것이었다. 거란, 서하, 여진 등 주위 다른 민족의 침입에 속수무책이었던 송나라는 무능한 군인의 수만 늘어났고 따라서 실효성 없는 국방비는 계속 증가되었다. 또 사회경제적인 면에서도 장원제의 발달은 자작농민을 몰락케 했다.

 젊고 의욕이 강한 신종은 신법을 실시케 했다. 왕안석의 신법은 부국책으로 춘궁기 농민을 구제하기 위한 시역법, 정부가 물자의 공급을 통제하고 대상인을 억압하는 균수법, 부역 대신 면역전을 받아 실업자를 구제하는 모역법, 공평한 세금을 부과하기 위한 방전균세법 등이며 강병책으로는 보갑법, 보마법이 있었다. 이 제도는 중소농민, 상공업자를 보호하여 국가재정을 바르게 하겠다는 야심찬 정책이었다. 늘 이런 개혁에는 저항 세력이 있기 마련이다. 지주, 대상大商 그리고 관료집단이 바로 그들이었다. 결국 사마광을 중심으로 한 구법당의 끈질긴 반대로 중단되었으며 치열한 당쟁의 폐해만 남기고 말았다.

로마의 그라쿠스형제의 개혁도 그렇다. 형 티베리우스 그라쿠스와 동생 가이우스 그라쿠스가 끈질기게 밀어붙인 농지법은 원로원, 귀족들을 중심으로 한 기득권층에 의해 가중되는 부의 편재를 막으려는 필사적인 노력이었지만 피살이라는 비극으로 막을 내리고 말았다.

우리나라의 경우 조광조가 그 예가 될 것이다. 김굉필 문하에서 촉망받는 청년학자로 사림파의 영수가 된 그는 중종 때 도학정치를 주장하며 급진적인 개혁정치를 폈다. 〈여씨향약〉을 보급하여 상호부조와 서민 복리증진에 기여 했고 지식층 사이에 폐해로 지적되곤 했던 소격서를 폐지했고 현량과를 실시하여 김식, 기준, 한충, 김구와 같은 소장파 인재들을 발탁했다. 그러나 위훈삭제 사건 같은 너무나 민감한 부분에 손을 대어 훈구파의 반발로 개혁정치는 종말을 고하고 말았다.

역사적 사실들은 이렇게 우리들을 가르친다. 개혁은 차분하게 조심조심해야 한다고. 자기 세력 옹호를 위한 명분일 뿐이라고 개혁을 폄하한다 하더라도 시대를 위해 효용성이 있고 국민이 이해할 수 있는 일들은 추진해야 하고 추진이 가능하리라 생각한다. 그러나 그런 일을 하는 사람에겐 늘 개혁의 문제점을 물고 늘어지는 세력이 있기 마련이니 주의해야 한다. 주의해야 한다는 말에는 여러 가지가 포함되어 있다. 먼저 홍보가 덜 된 것은 홍보시간을 늘여 국민을 충분히 설득시켜야 하고 지나치게 속결 처리되어 문제가 생길 만한 일이면 속도조절에도 신경을 써야 한다. 아울러 개혁세력 스스로가 오만불손하지 않아야 하고 필요 없는 말은 실천 전까지 하고 다닐 필요가 없다. "나는 깨끗하다, 나는 정의롭다, 나는 양심적이다"라고 외치는 사람일수록 그런 덕목을 의심하게 된다.

어느 신문기자가 우리시대 대표적인 인문학자인 김우창 석좌교수에게 여야, 혹은 좌우가 왜 이렇게 격렬한가에 대해 물었다. "집단적 이해관계의 대립이라고 봐야죠. 명분을 내세우지만 사실은 이해관계죠. 그것 자체를 탓할 수는 없지만 사회적으로 정당화 될 수 있는 주장을 해야지요"라고 그는 대답했다.

한국의 민주주의만 그런 것은 아니지만 다수의 무능이나 소수의 행패나 지연, 학연의 변함없는 파워는 의회제도가 과연 가장 유효한 제도인가를 의심하게 한다. 그리고 마주보는 두

세력의 격렬한 충돌을 예감할 때마다 삼한시대에 있었다는 소도를 떠올리게 된다. 천군이 지배했다는 신성지역인 이곳에는 현행범이 왔다 해도 잡아갈 수 없는 곳이었다. 신·구세력의 충돌을 완화하는 곳이었던 것이다.

정치적 파트너가 협상의 대상, 타협의 대상을 넘어서 적처럼 보이는 세상에 현대판 소도가 있다면 서로의 미래를 위해 얼마나 바람직할까하는 생각을 해본다. 군부독재시절 김수환 추기경이 있는 명동성당이 옛날 소도의 역할을 일부분 담당했다고 느끼면서 말이다.

삼한시대로 되돌아가자는 말이 아니다. 좀 더 자주 만나고 의견도 모으고 양보할 줄도 알아서 국민이 보기에도 재미있는 그리고 최선은 아니더라도 차선의 결론이라도 내놓는 정치판이 보고 싶어서이다.

(2009)

주도酒道

　대한주류공업협회와 업계에 따르면 올해 들어 1~5월 소주, 맥주, 위스키 판매량 집계 결과 작년 동기간에 비해 소주는 1.0%, 맥주는 4.7%, 위스키는 0.6% 늘었다고 한다. 업계관계자는 "불경기는 술 소비 증가 이유로도, 역으로 감소 이유로도 꼽히는 경향이 있다"고 전제하고 "불경기는 반주로 소주"를 곁들인 직장인의 1차 회식자리가 길어지면서 소비가 증가한다는 해석이 많은 편이라고 했다.

　술은 분명 흥미로운 음식이다. 감로이기도 하면서 또 때로는 독액이기 때문이다. 스스로 취선옹이라 자처했던 호주가 이백의 경우 술이 그의 생애였고 우리나라 시인 천상병이나 김관식의 경우도 그와 비슷했다. 그러한 생활이 시인으로서의 삶에 운치를 더했으리라 생각되지만 동시에 그의 생을 짧게 했다는 사실 또한 분명하다. 탈무드에 "악마가 바빠서 사람을 찾아올 수 없을 때는 대신 술을 보낸다."는 말이 있다. 독액이 되는 술에 대한 경고의 잠언이다.

"술이 없으면 자리를 마련했다고 할 수 없다"는 속담도 있다. 술은 우리 식문화에 없어서는 안 될 필수품이고 제사, 명절, 손님접대, 축하연회 등의 자리에 술이 빠지는 법이 없다.

이러한 술은 예로부터 임금에서부터 천민에 이르기까지 남녀노소 할 것 없이 즐겨 마셨기 때문에 주도酒道는 술과 함께 매우 일찍부터 있었다. 어른을 모시고 술을 마실 때는 특히 행동을 삼가는데, 먼저 어른에게 술잔을 올리고 어른이 술잔을 주시면 반드시 두 손으로 받는다. 또, 어른이 마신 뒤에야 비로소 잔을 비우며, 어른 앞에서 술을 마시지 못하는 것이므로 돌아앉거나, 상체를 뒤로 돌려 마시기도 한다. 술잔을 어른께 드리고 술을 따를 때 도포의 도련이 음식물에 닿을까 보아 왼손으로 옷을 쥐고 오른손으로 따르는 풍속이 있었다. 이런 예법은 소매가 넓지 않은 양복을 입고 사는 오늘에도 왼손을 오른팔 아래 대고 술을 따르는 풍습으로 남아 있다.

시인 조지훈이 얘기한 것처럼 애주가도 급이 있고 그런 격식에 맞추어 마시던 시대에는 정말 황홀한 운치가 있었으리라 짐작된다.

마음 맞는 벗과 끝까지 흐트러지지 않는 자세로 고담준론을 나눌 수 있다면 얼마나 생산적이고 고아한 자리가 될까. 또 오래 연모해온 정인과 시와 음악을 또는 예술을 애기하며 알맞은 주량으로 분위기를 향유하는 자리가 있다면 누군들 싫어할 이 있을까.

그러나 요즈음의 술자리는 지나치게 스피드하고 격정적인 경우가 많다. 대화보다 술이 우선이거나 대화라 해도 대체로 직접적으로 이해관계가 걸린 문제의 해결이나 팀워크 강화 등에 집중되어 있어서 매몰되어 버린 개인의 존재감을 스스로 찾을 수 있는 아름답고 뿌듯한 자긍의 술자리를 가지기는 극히 어렵다.

술의 종류도 그렇다. 소주나 맥주로는 직성이 풀리지 않아서 폭탄주를 만들어 돌리고 그것도 한두 번에 그치지 않는 게 예사이다. 실로 난폭한 술 문화라 아니할 수 없다. 대학 새내기들의 신입생환영회 때에도 억지로 술을 권해서 소중한 목숨까지 잃었다는 뉴스를 접할 때는 잘못된 음주문화의 뒷면을 보는 것 같아 씁쓸하기도 하다. 흔히 야유회나 세미나에 가보면 '첫잔은 천천히, 폭음, 과음은 삼갈 것, 술은 섞어 마시지 말 것, 술에는 장사 없음, 간은 휴식이 필요함' 등의 음주 수칙을 나누어 줘서 우리나라 술문화도 많이 바뀌어가는구나 라는 생각을 하지만 정작 저녁이 되어 술판이 벌어지면 그 수칙의 반대 행동만 강요하는 게 현실이다. 그런 곳에 참여한 사람이라면 자기 주량만큼 마셔 소인배 소릴 들으며 타인과의 호흡 맞추기를 거부하고 돌아앉을 수 있겠는가.

 우리 술 문화의 중요한 문제점은 바로 여기에 있다. 우리 국민성의 격정적 성향까지 가미된 음주습관은 당분간 어떤 경고에도 아랑곳없이 지속되리라. 그렇다고 그 습관이 전부 단점만 지닌 것이라고는 또 얘기하기가 어렵다. 가령 야도野都 부산의 경우 사직구장의 롯데팀 경기가 있는 날 게임이 끝나고 나면 부산 술집은 손님들로 가득해진다. 이겨도 그렇고 져도 그렇다. 이겼을 때는 승리의 쾌감을 만끽하기 위해, 졌을 때는 그 아쉬움을 달래기 위해 시민들은 한 마음으로 자리해서 술을 마시고 대화를 나눈다. 그야말로 부산의 음주축제이다.

 자가 운전이 늘어서 작심하고 뛰어들지 않으면 술잔을 쉽게 들기 어렵고 오늘날처럼 이해관계가 복잡한 사회에서 마음을 터놓고 함께 술을 마시며 진한 우정을 맺어가기란 실로 어려운 과제가 되어버렸다. 이처럼 야도野都 부산의 밤풍경을 상상해 보면 술의 마력이란 찬양할 만하지 않은가. 그러나 아무리 좋은 약도 과하면 독이 되는 법이다. 성경에도 술의 과함을 일러 '그것이 마침내 뱀같이 물 것이요 독사같이 쏠 것이라'고 했다. 시대에 맞는 음주문화의 정착과 적절한 주도가 필요한 때이다.

(2008)

강, 그리움을 퍼나르는
내 영혼의 성소聖所

1

은뿌린 낙동강
금뿌린 낙동강

 나는 경남 창녕군 부곡면 부곡리 156번지에서 태어났다. 아버지는 내가 태어나기 전에 징용을 가셨고, 6남매 부양을 책임지고 사신 어머니께선 하루하루 가시밭길을 걸으실 수밖에 없었다. 해방이 되자 비로소 우리 가족들은 함께 모여 살 수 있었다. 그리고 나와 동생이 해방 이듬해부터 세살 터울로 출생했다. 따라서 우리 형제는 8남매가 되었다.
 해방 후에도 우리 집 형편은 조금도 나아지지 않았다. 농사

일에 서투른 아버지는 가산을 일으키는데 도움을 주시지 못했고 어머니는 힘든 하루하루를 열어 가시면서 우리들을 교육시키셨다. 그 고통들의 극복방법으로 언제부터인가 어머니는 아침에 일찍 일어나셔서 늘 습관적으로 무엇인가를 외우시곤 하셨다. 불경이나 가사歌辭 혹은 고시조를 일정 시간 외우시고 나면 가슴이 진정되시는 것 같았다. 내가 초등학교 교과서에 나오는 고시조를 붓글씨로 써 드리면 너무 기특해하고 고마워하셨다.

어머니의 고향은 함안군 칠북면이다. 외가에 갈 땐 길곡에서 배를 타고 낙동강을 건너야 했다. 그래서 나는 어릴 때 외가에 가기 위해 낙동강을 자주 건너갔다. 아마 그 때부터 남지, 길곡, 부곡을 거쳐 흐르는 이 강을 나는 가슴에 담기 시작했는지 모른다. 앞에 인용한 시는 중학교 봄 소풍 때 쓴 내 작품이다. 내가 다니던 부곡중학교는 부곡면 청암리에 있었다. 낙동강과는 지근의 거리였다. 우리는 임해진으로 소풍을 자주 갔었는데, 그곳에 앉아 강을 보면 하이얀 모래사장을 건너가는 어떤 눈부신 생명의 약동 같은 것이 느껴지곤 했다.

그러나, 이 강은 노하면 홍수로 인근의 들판을 휩쓸어 쭉정이의 가을을 만들기도 하고, 물놀이하는 사람들을 빠져 죽게도 하고, 사연 많은 여인들이 치마를 덮어쓰고 자신의 생을 마감하는 장소가 되기도 했다.

내가 어떤 사물을 바라보고 사유하는 습관을 지녔다면 그것은 어머니와 이 강 덕분이다. 수많은 활자의 숲 속에서도 실감할 수 없었던 한恨과 생사의 비밀을 낙동강은 다 알고 흐르는 듯했다. 어릴 때나 지금이나 이 강은, 간절히 바라면 답해줄 듯한 말씀의 보고로 어머니의 모습과 함께 언제나 내 가슴속에 있다.

2

> 내게 말걸어주던 소녀들은 가고 없지만
> 오버깃을 세우고 영남루에 올라서면
> 아직도 내리고 싶은
> 마음의 역이 보인다
>
> — 이우걸, 「밀양」

시간적으로 정확하게 얘기하면 나의 밀양 생활은 4년밖에 되지 않는다. 그러나 격정의 청소년기를 더구나 죽여도 죽여도 죽지 않고 고개 쳐들던 문학에의 열병을 나는 이 고읍古邑에서 얻었다.

따라서 가장 오래 살았던 마산이나, 제대로 문학을 공부하고 또 시단에 등단했던 대구보다 이곳을 나는 더 좋아하고 그리워한다. 나는 밀양 세종고등학교를 다녔다. 우리가 학교를 다닐 때만 해도 모교는 대단히 자유스러운 분위기였다. 밴드부, 육상부, 배구부, 문예부 등 여러 동아리들 덕분에 숨 막힐

듯한 고등학교 생활에도 견딜만한 틈이 있었다. 그리고 우리들의 신뢰받는 스타 선생님들이 학교에 많이 계셨다. 그 스타 중의 한 분이 윤덕만 국어선생님이셨다. 그분과 밀양 문화제 백일장에 참가하는 것 자체가 내게는 영광이었다. 그 당시 심사는 서정주, 박두진, 박목월, 조지훈, 박남수, 이영도 등 그야말로 교과서에서나 볼 수 있는 대가들이 맡았었다. 거기다 영남루에 앉아서 남천강을 바라보면서 작품을 쓰는 것 또한 얼마나 좋았던지, 백일장 참가는 입상만큼이나 나를 들뜨게 하던 연중 행사였다.

> 흐른다고 모두가 강이 될 수 있으랴
> 한도 있고 대숲도 있고 누각도 갖추어진
> 밀양땅 남천강 쯤이라야 강이라 할 수 있으리
>
> 언덕에는 폴폴 인연의 꽃씨 날리고
> 눈 감으면 돋아나는 그 사람 얼굴처럼
> 하늘엔 은쟁반 같은 우리 사랑의 달도 떴네.
>
> 흐른다고 모두가 강이 될 수 있으랴
> 역사의 갈피마다 대쪽같은 백성 길러온
> 밀양땅 남천강 쯤이라야 강이라 할 수 있으리
>
> ― 이우걸, 「강」

지금은 변모해가고 있지만 삼문동 들, 진늪, 백송가는 길, 용두목, 송림 그리고 맑게 반짝이며 흐르는 남천강은 내 시의 서정적인 고향이요, 한 갈래 젖줄이다. 사라호 태풍 때는 그 노기를 보여준 바도 있지만, 남천강은 지금도 내 기억 속에서 아름다운 전원도시 밀양을 넉넉하게 감싸고 있는 누나요, 어머니 같은 강으로 각인되어 있다. 의식의 혼란, 가치관의 혼란에 휩싸인 채 자신을 찾아 헤매던 젊은 날의 나를 떠올리고 싶어지면 지금도 나는 종종 밀양행 차를 탄다.

3

내 의식 속엔 언제나 두개의 강이 있다. 서릿발 같은 정신으로 고통의 현실을 열어가시던 어머니 곁에서 소년소녀 소설, 현대시감상, 소월시집, 형님들의 국어책, 학원이라는 월간지 등을 읽으며 살았던 부곡에서의 체험들은 낙동강이란 이름으로, 전후 수상 작품집, 세계문학전집, 한국단편문학전집, 현대문학, 청록파시집 등을 읽으며 열정에 들떠 있던 나의 자화상은 남천강이란 이름으로 내 의식 속에 녹아 흐른다.

 나는 그대 이름을 새라고 적지 않는다
 나는 그대 이름을 별이라고 적지 않는다
 깊숙이 닿는 여운을 마침표로 지워버리며,

새는 날아서 하늘에 닿을 수 있고
무성한 별들은 어둠 속에 빛날테지만
실로폰 소리를 내는 가을날의 긴 편지

— 이우걸, 「비」

아직도 나를 내려줄 눈익은 정거장 있다
아직도 나를 기다릴 눈익은 사람들 있다
아직도 쓰다 두고온 눈익은 수저 있다

봄오면 건곤했던 아지랑이 들길 있다
그 들길 끝에 가서 누님같은 강물보고
집으로 되돌아 올 때 웃어주던 덕암산 있다

— 이우걸, 「향리에서」

  나는 지금도 내성적인 소년처럼 쓸쓸히 그 강들을 바라보곤 한다. 만일 누군가가 고향은 아름다운 곳이냐고 묻는다면 나는 다만 목이 메이게 그리운 곳인 동시에 내 시의 원형질이 생성되는 영혼의 성소聖所라고만 대답할 수 있다.

(2009)

지우기에 대하여

 이북 출신의 시인 전봉건 선생은 만년에 당뇨를 앓으셨다. 그래서인지는 모르지만 한동안 수석에 몰두해 있었다.
 지금은 돌밭 구경을 하기도 어렵지만 70년대만 해도 더러 수집 가능한 곳이 있었다. 신출내기 시인 김원각, 김현, 김달웅 등이 전봉건 선생을 모시고 다녔다. 아침 10시에 시작해서 오후 3시면 수집을 끝내야 하고 한 시간 정도 품평회가 있고 그 다음 귀가하는 일정으로 짜여 있었다. 그런데 전봉건 선생은 그 당시 《현대시학》을 간행하고 있어서 시인들은 잘 보이기 위해 갖은 노력을 다 해야 하는 시기였다. 수석에서도 대단한 고수인 전 선생의 고평을 받고 싶었을 것이다. 그러나 배낭 가득 담아온 돌 하나하나의 소중함을 설명하는 시인들에게 전

선생이 늘 마지막 하시는 단평은 아주 차분한 어조로 "버려" 한 마디였다. 돌을 안다는 것이 그렇게 쉬운 일이 아니었던 것이다.

어디 돌 뿐이겠는가. 글의 경우도 그렇다. 구한말 최고의 문장가로 창강 김택영, 매천 황현, 명미당 이건창을 든다. 임오군란 때 청으로 압송된 대원군을 걱정하여 청 황제에게 주문을 올리려 했을 때 고종은 이건창에게 글자 한 자마다 눈물 한 방울씩 흘리게 쓰라는 하명을 했다. 신뢰받는 대문장가 이건창도 "100번 쓰는 것보다 100번 고치는 것이 낫다"고했다. 헤밍웨이도 「무기여 잘 있거라」의 마지막 22행은 서른아홉 번 고쳤다고 하고 톨스토이의 초고를 보면 과연 이 사람이 대문호인가 의심하게 된다고 한다. 좋은 시인의 경우 좋은 작품이 많겠지만 좋지 않은 작품은 세상에 내어놓지 않는다. 그만큼 자신을 관리한다.

저서를 많이 내기로 유명한 서울대 조동일 교수가 한 때 타자가 나오자 쓰는 고통을 덜 수 있어서 그 타자를 애용하다가 어느 날 "연필로만 쓰겠다"고 선언한 적이 있다. 타자를 사용하다 보면 쓰는 고통이 적어서 자꾸 문장이 길어지고 문장이 길어지니까 군더더기도 자꾸 붙는다는 이유였다.

잡지나 TV에 편집이 있다. 안 좋은 것은 정리하고 좋은 것은 효과적으로 드러내려고 하는 과정들이다. 생방송인 경우 MBC 연예대상에서 고현정이 이휘재에게 했던 "미친 것 아냐?'라는 돌발발언처럼 시청자를 혼란에 빠뜨리는 사고가 자주 생긴다. 송대관의 노래처럼 "인생은 생방송"일 수 있다. 그렇기 때문에 준비가 필요하고 준비한 사람에겐 사고가 별로 없다. 아무리 노력해도 어쩔 수 없이 당하는 사고는 운명으로 받아들일 수밖에 없다. 그러나 노력하면 어두운 그림자를 줄일 수 있다. 흔히 아름다운 나무, 바위 등에 자기 이름을 써놓는 경우도 있고 졸작을 돌에 새겨서 기를 쓰고 남겨놓겠다는 사람도 있다. 그런데 그러한 남김이 과연 의미 있는 남김인가에 대해 많이 생각해야 한다. 속세와 인연을 끊고 산사를 찾아가 도승의 길을 걷는 분은 육신마저 남기지 않으려 한다. 그런데 남기기를 좋아하는 사람이 근년에 올수록 더 심한 듯하다.

 자신 있게 살아서인가? 남의 생애에는 가차 없는 비판을 하면서 자신에겐 한없이 너그러운 사람이나 건물마다 기념하고 장소마다 자신의 업적임을 증명하고 싶은 행정가나 정치인 그리고 자신의 기념관을 지으려고 동분서주하는 예술인을 보면서 반성 없는 생이 퇴고 안한 문장과 같다는 생각을 자주하게 된다.

 시를 쓰는 사람, 특히 우리같이 짧은 시를 쓰는 사람에겐 지우기가 일상화되어 있다. "상을 잡고 스케치를 하고 다시 운율을 흐르게 하고 쓰고 고치고 쓰고 고치고"를 수십 번 수백 번 한다. 지워야 할 것을 지우지 않고 발표하는 것은 세수 안한 채 거리를 활보하는 것처럼 불안하기 때문이다.

지우개 같은 것이 있어서 인생도 살아가면서 지울 부분은 지울 수 있다면 얼마나 좋을까. 실제 지울 수 있는 것도 있다. 가능하면 과감히 지워야한다. 그리고 준비해야 한다. 두렵고 얼룩진 부분을 안 남기려는 노력을 해야 한다. 반성하고 예측하고 대비하는 습관이 도움을 줄 것 같다. 알면서도 잘 안되는 것이 또한 인생이지만….

(2009)

《서정과 현실》을 창간하면서

 우리의 경험 속에서 '서정시'를 생각할 때 가장 먼저 떠오르는 것은, 그것이 다매체 시대라는 커다란 흐름에서 뒤처진 낡은 장르라는 것이다. 심지어 그것은 소멸이나 폐기를 앞둔 장르처럼 생각되기도 한다. 그러나 서정시가 고유하게 갖고 있는 미적 자율성과 서정의 원리는 여전히 인간의 삶을 반영하고 위무하며 현실에 대한 서정적 비전을 준다. 우리 문학 역시 이 같은 서정시의 위의威儀를 지켜가기 위해 노력해 왔고, 그 결과 우리 문학의 전통에서 서정시는 여전히 주류적 위상을 확보하고 있다고 해도 좋을 것이다.
 그러나 전통적인 서정시 개념은 그 외연과 내포가 새롭게 수정되어야 한다. 서정적 주체의 내면 토로라는 전통적인 서정의 원리 외에도, 새롭게 정서적 충격을 담고 우리 앞에 '시'라는 이름으로 다가오는 모든 언어적 노력에 우리가 감수성의 문을 열어야 하는 까닭도 여기에 있다. 그러한 언어 형식들이 순간적인 감각의 새로움을 통해 우리 삶의 정신적인 부분을 풍요롭게 예각화해 준다면, 그것을 충분히 가치 있는 '서정시'로 편입하여 서정시의 외연과 내포를 확장하고 심화시켜 가야 한다.

따라서 우리는 '서정시'라는 장르 규정이 그 유효성을 지속해 간다면, 그 존재를 이루는 근거는 인간에 대한 끝없는 자기 질문이라고 믿는다. 서정시는 궁극적으로 언어를 통해서 언어가 갖는 한계로부터 해방되려는, 또는 언어를 씀으로써 언어를 더 이상 쓰지 않으려는 역설적 지점에 그 존재의 영역을 드리우고 있기 때문이다. 문학이 공공연히 상품 미학의 후광을 입고 유통되는 소비의 시대에, 시인들조차 문화 산업의 중요한 일원임을 떳떳하고도 불가피하게 자임하는 이 시대에, 이러한 다짐은 결코 수사적 차원으로 전락할 수 없는 서정시의 정체성에 대한 질문일 것이다. 결국 그것이 서정시의 존재 의의이자, 이 공공연한 위기의 시대에 투항하지 않고 자신의 몫을 지켜가는 양보할 수 없는 지표일 것이다.

우리 시대는 첨단 테크놀로지에 기반을 둔 인간 중심주의, 문명 발전의 정점에 와 있다. 그 사회적 분위기는 인문학적 가치를 사장하려 하고, 역으로 새로운 인간형과 지적 패러다임의 출현을 강력히 종용하고 있다. 이 같은 시대적 요청을 해결하기 위해서는 시대적 흐름과 서정시의 미학에 대한 탐색과 실천이 동시에 필요하다. 《서정과 현실》은 이 같은 서정의 원리와 다양하게 변화되는 현실을 동시에 포착하고 해석하고 반영하는 매체를 자임하면서 이렇게 출발한다.

그래서 우리는 서정시가 발전할 수 있는 무대를 만들고 서정시 발전에 궁극적으로 기여하려고 한다. 특히 현실을 반영하면서도 언어 미학에 소홀하지 않는 그런 서정시를 많은 시인들이 쓸 수 있도록 격려하고, 그 결과를 이론으로 유도하는 작업을 할 것이다. 또 현대시에의 편입을 요구하나 늘 따돌림 당하고 있는 현대 시조는 가장 모범적인 서정시이므로 한국서정시 발전에 기여할 수 있도록 배려하고 또 그에 대한 힘 있는 비평 작업을 통해 우리 시의 중요 영역으로 인정해 갈 것이다. 아울러 로컬리즘을 살려 지역 문학 발전에도 노력하여 서울에서 발간되는 여러 종류의 문예지와 다르게 지역 문인에게 지면을 많이 제공하고 지역 문학의 특성 조명에도 관심을 가질 것이다.

이처럼 《서정과 현실》은 우리 서정시의 과거와 현재 그리고 미래를 조명하고 탐색하고 준비하는 일에 게으르지 않을 것이다. 좋은 작품과 치열한 이론적 모색으로 새로운 시대의 서정과 현실의 상관성을 탐색해 갈 우리의 첫 걸음에 많은 관심을 가져 주시기 바란다. (2003)

직방에 대한 단상

광풍을 데리고 울부짖듯 비가 오고 있다.

나는 지금 후쿠오카 어느 호텔에 앉아서 방금 스친 단어 하나를 떠올리고 있다.

'직방直放10km' 참 이상하다. 어제 읽은 시 제목이 이웃 나라 일본의 교통 표지판에 적혀 있다는 것이….

그러나 그게 사실은 이상한 일도 아니다. 멋모르고 우리가 어릴 적부터 써온 한자로 구성된 말치고 동양 3국에 통하지 않는 것이 얼마나 있을까 생각하면 쉽게 판단할 수 있기 때문이다. '직방直放'이란 말을 사실 나는 꽤 오래 잊고 살았다. 그런데 한 젊은 시인의 작품에서 이 말을 발견하고 (그 언어는 그의 시어지만) 직방으로 내 언어가 되는 체험을 하고 있을 때라

놀라웠다.

> 아아 이 두통- 지금
> 나에겐 직방으로 듣는 약이 필요하다
> 그렇다 얼마나 간절히 직방을 원했던지
> 오늘 낮에 나는 하마터면 자동차 핸들을 꺾지 않아
> 직방으로 절벽에 떨어져 죽을 뻔했다
>
> 직방으로 골로 갈 뻔했다
>
> 오, 직방으로
>
> 다가오는 연애, 쏟아져 내리는
> 눈물, 폭포
>
> 안다, 미친 자만이 직방으로 뛰어간다
>
> 십오층 아파트 베란다에서
> 몸을 날린 직방인처럼
> 바닥 밑의 바닥, 과녁 뒤의 과녁을 향해 뛰어내리고 있는
>
> 이렇게 40년 동안을 뛰어내리고 있는 - 나는
>
> ― 유홍준,「직방」

이 시는 '직방'이라는 직접적이고 불길한 바이러스의 종류를 다양하게 보여주고 있다.

 빨리 낫고 싶고, 빨리 가고 싶고, 빨리 사랑하고 싶고, 빨리 끝내고 싶은 것들이다. 이러한 증세의 원인은 결국 불안한 현실일 것이다. 자신이 기댈 궁극적 전망에 대한 믿음을 가질 수 없을 때 나타나는 성급한 욕구의 표현이 아닐까? 삶이 가파르고 또 견딜 수 없을 만큼 급변하기 때문일까?

 오늘만큼 복잡하기 전에도 우리는 늘 '직방直放'을 갈구하고 살았다.

> 미숫가루 한 잔 타 마신다 이럴 때 왜 저 까마득한 동란 생각 퍼뜩 나는가 벌써 돌아가 흙 되신 어머니 왜 생각나는가 피란 가면 믿을 건 이것뿐이라고 어쩌다 우리 사는 곳은 피란은 가지 않았지만 우리 가족들 어두운 표정으로 웅성웅성 미숫가루 만들어 봉지 봉지 담던 생각 왜 떠오르는가 '용아 삼시 세끼 잘 챙겨 먹거라 건강이 제일인기라' 어머니 음성 왜 생각나는가 '그 쪼맨 봉급 받아갖고 우쨰 배부르게 먹겠노 허기질 때 한 그릇씩 타 먹고 힘내거라 용아 힘내거라' 까마득한 옛날 어머니 삐뚤삐뚤 편지 왜 생각나는가
>
> — 오하룡, 「미숫가루」

 5, 60년대까지 늘 해결해야 했던 숙원 사업은 식량난 해결이

었다. 정치 불안, 사회 혼란, 전시의 고통, 전후의 참상은 전체적인 그림으로 보면 희미한 필름이 되어간다. 그러나 유독 허기만은 아직도 견고하게 그 뿌리가 남아 있다. 그때 허기를 채울 수 있는 비상식량으로 '미숫가루'는 직방이었다. 물을 많이 타면 '미숫가루' 양과 관계없이 배를 채울 수 있으니까 피난길에서도, 노동현장에서도 제일 애용했다. 지금도 미숫가루는 남아서 건강식으로 사용되기도 하지만 절박한 구원의 음식은 아니다.

전화戰火로 뒤덮인 듯한 북한 어느 지역의 참사를 TV가 또 비춘다. 악령의 저주를 받은 것 같은 뭉개지고 일그러진 불행한 아이들의 얼굴을 바라보면서 고달픈 역사의 한 컷을 유년의 기억과 겹쳐 읽게 된다.

'직방'의 평화, '직방'의 통일, '직방'의 식량부족 해결방안은 없을까, 또 우리는 언제까지나 '직방'의 방안만 강구해야 하는 걸까.

좋은 시는 이렇게 현실을 노래해도 과거와 미래를 생각하게 하고, 과거를 노래해도 현실과 미래를 직시하게 하는 아름답고 강렬한 힘을 갖는다.

여름이다. 우리 다시 눈을 뜨고 빛과 어둠을 캐기 위해 세상의 들판, 언어의 들판으로 나가자.

(2004)

2부

6남매의 아들, 딸과 젊은 아내를 두고 일본으로 징용을 가셨던 아버지는 해방이 되자 무사히 고향으로 돌아오셨다. 해방 이듬해 나는 태어났다. 3년 뒤 태어난 여동생까지 우리 형제는 4남4녀였다. 10여 마지기 농토로 우리 식구가 먹고 살며 교육비까지 충당해야 했던 그 시절 아버지는 사서삼경을 읽고 한문 공부를 하고 싶어 하는 청년들에게 대가없이 한문교육을 하시면서 나날을 보내셨다. 혼사가 결정되는 집에서 부탁을 하면 집안일은 아랑곳하지 않고 사성을 썼고 뒤에는 사돈지까지 쓰셨다. 제문이나 지방까지, 적어도 우리 대소가의 의식이나 절후와 관련되어 쓰이는 문장이나 글씨는 아버지께서 다 쓰셨고 혹 무슨 일로 손이 닿을 수 없을 때는 아버지께 배운 제자가 그 일을 대신하는 경우도 드물게 있었다. 아이들이 태어나면 작명까지도 물론 아버지의 몫이었다. 그런 활동으로 아버지는 부권父權을 지키셨다. 허술하지 않은 아버지의 부권은 유교사회의 여러 의식이나 사회 질서가 뒷받침했고 특히 어머니의 헌신이 도움이 되었다. 그러나 경제적으로 살펴보면 아버지는 너무나도 무능한 분이셨다. 그 당시 농가에서는 비가 오면 들에 나가지 않고 소쿠리를 만들거나 덕석을 만들거나 일용할 새끼를 꼬았다.

세 사람의 아버지

세 사람의 아버지

나의 아버지

 6남매의 아들, 딸과 젊은 아내를 두고 일본으로 징용을 가셨던 아버지는 해방이 되자 무사히 고향으로 돌아오셨다. 해방 이듬해 나는 태어났다. 3년 뒤 태어난 여동생까지 우리 형제는 4남4녀였다.
 10여 마지기 농토로 우리 식구가 먹고 살며 교육비까지 충당해야 했던 그 시절 아버지는 사서삼경을 읽고 한문 공부를 하고 싶어 하는 청년들에게 대가없이 한문교육을 하시면서 나날을 보내셨다. 혼사가 결정되는 집에서 부탁을 하면 집안일은 아랑곳하지 않고 사성을 썼고 뒤에는 사돈지까지 쓰셨다. 제문이나 지방까지, 적어도 우리 대소가의 의식이나 절후와 관련되어 쓰이는 문장이나 글씨는 아버지께서 다 쓰셨고 혹 무슨 일로 손이 닿을 수 없을 때는 아버지께 배운 제자가 그 일을 대신하는 경우도 드물게 있었다. 아이들이 태어나면 작명까지도 물론 아버지의 몫이었다. 그런 활동으로 아버지는 부권父權을 지키셨다. 허술하지 않은 아버지의 부권은 유교사회의 여러 의식이나 사회질서가 뒷받침했고 특히 어머니의 헌신이 도움이 되었다.

그러나 경제적으로 살펴보면 아버지는 너무나도 무능한 분이셨다. 그 당시 농가에서는 비가 오면 들에 나가지 않고 소쿠리를 만들거나 덕석을 만들거나 일용할 새끼를 꼬았다. 아버지는 그런 솜씨를 갖지 못하셨다. 영농 계획도 아버지가 일본에 계실 때와 같이 어머니께서 세우셨고 차츰 형님들이 자라자 특히 큰 형님께 농사일 뿐 아니라 가정 경제 관련 전반의 권한을 넘기셨다. 그래서 내가 중, 고등학교 때나 대학 재학 시절 등록금이나 하숙비, 혹은 용돈을 얻기 위해 읍소해야 하는 대상은 아버지나 어머니가 아니라 형님이었다. 농경사회에서 보면 무능하기 그지없는 아버지를 혹시 자녀들이 경시하거나 예의를 차리지 않을까봐 늘 걱정한 사람은 어머니였다. 그래서 식사시간 때나 아침저녁 인사는 물론이고 출타하는 경우에 아버지께 자초지종 사유를 말씀드리고 허락을 받아야 했다. 혹시 이웃이나 친척들이 가져온 선물까지도 아버지가 먼저 보시기 전에 나누거나 먹거나 하는 일이 있으면 그날 집안은 냉

엄한 훈계가 뒤따랐다. 아버지는 경제적으로 무능하셨지만 우리 집의 어엿한 왕이셨고 열렬한 참모인 어머니의 뒷받침으로 그 부권은 도전 없이 유지되었다.

그런데 그런 아버지를 나는 언제부턴가 존경하고 있었다는 사실을 알았다. 경제적으로 많이 무능하다고 느끼며 반항심이 이글거리던 청소년기 이후 아버지는 다른 모습으로 나에게 타이르듯 다가오시는 것이었다. 나를 이끌고 나에게 큰 산으로 다가오신 아버지의 매력은 무엇이었을까? 그런 미세한 감정을 쉽게 분석해서 말하기는 어렵지만 몇 가지는 얘기할 수 있다. 그 하나가 평생 筆을 놓지 않으신 점이다.

74세로 세상을 뜨시자 아버지의 흔적을 거의 태워버린 무식한 가족들의 일원인 나로서는 아버지가 평생 쓰신 한시들이 어떤 수준이었는지 모른다. 그러나 세상을 바라보고 유학 서적을 읽으시면서 그 정감을 평생 시로 옮기는데 정성을 다하신 그 피의 인연으로 나 역시 그런 길을 가게 되는구나 하는 인연의 끈질김과 소중함에 목이 멘다.

두 번째로는 의연함과 인자함이다. 아버지의 경우 이백 석 삼백 석 지기 지주의 모습을 흉내 낼 수 없었다. 그러나 어머니의 지극한 정성으로 농사일에 크게 골몰하지 않고 사셨다. 그런 형편이면 늘 허전하거나 미안함이 아버지의 주위에 감돌아야 정상이다. 그러나 아버지는 당당하면서도 여유를 가지고 계셨고 인자하기 그지없었다. 동네 사람마다 우리 형제들을 소개하는 일이 있으면 '어지신 외촌 양반 아들들입니다' 라고 했다. 아무런 대가없이 글을 써주고 이름을 지어주고 했으니 어질다고 할 수밖에 없다. 그것이 못마땅해서 글 값을 받아야 한다고 떠들던 나도 지금 제대로 된 글 값 못 받긴 마찬가지지만 아버지처럼 인자하진 않다.

세 번째로 떠오르는 것은 아버지께선 사람이 되어야 한다고 하셨지 다른 무엇이 되어야 한다고 하신 적이 없다는 점이다. 성적을 보고 타박하신 적도 없었다. 시간이 나면 우리들을 모아놓고 책 읽는 습관을 생활화해야 한다거나 인자무적仁者無敵이라는 말씀을 주로 많이 하셨다. '참는 것은 칼 같은 마음'이라거나 '소 한 마리가 외나무다리를 건너는 것이 인생이다' 라는 주로 인생 전체와 관련된 덕목을 강조하셨을 뿐 교수나 판사 혹은 의사가 되어야 한다고 말하신 적은 없었다.

내 아들 딸의 아버지인 나

이 글은 내겐 일종의 고백성사다
"너희 집은 아버지가 있니?"
"몰라"
"어제 그 아저씨 아니니?"
"가끔 오는 사람은 있어. 그러나 정이 안 들어."
어린 아이들 대화를 엿들은 어느 사람이 아버지의 부재를 얘기 할 때 들려주던 예화이다. 나 역시 우리 아이들에게 그런 아버지였을지 모르겠다. 나는 내 멋에 취해 살았고 내 예술이 너무 좋아서 오로지 거기에 초점을 맞춰 살았다. 그리고 학교에선 문인이 무능하고 의욕적이지 않다는 소릴 듣지 않으려고 열심히 근무했다. 내 아이들을 사랑했고 경제적으로는 어려움이 없었다. 그러나 나는 내 아버지처럼 인생 전반에 관한 가르침을 주지 못했다. 자녀들의 성적에 일희일비 했지만 의미 있는 멘토가 되지 못했고 자녀들의 깊은 고민을 들어서 해결하려는 자세를 갖지 못했다. 맞벌이 부부의 아침은 늘 전쟁터와 같았지만 소란스런 가정 분위기를 순화시키는 역할도 못했다. 더구나 자녀들이 좋은 대학에 가길 원하면서도 사교육을 활용하지도 못했고 부의 증식도 너무 몰라서 빚지는 일은 없었지만 항상 실패의 연속이었다. 아직도 자녀들의 아버지 역할을 해야 하는 입장이지만 옛날 아버지께 최선을 다하시던 어머니 같은 참모도 나는 못 가졌다.

아버지는 다소의 결함을 지니셨다 해도 그 결함을 무화無化시키기 위해 애쓰시는 어머니의 헌신과 자녀교육이 있었지만 우리는 달랐다. 폐허 같은 숙소로 뚜벅뚜벅 걸어오는 외로운 전상병들의 모습 같은 얼굴들이 우리 가족이 아니었나 생각된다. 그러나 나는 허전하지 않았다. 늘 외로울 때 응답해주는 시라는 예술이 있었기 때문이다.

아들은 이국에, 딸은 시집가서 가까이 살고 있지만 지금도 미안한 마음뿐이다. 그 아이들이 스스로 '가정은 이 지구상에 비할 데 없이 아름답고 포근한 안식처'라고 느끼고 있길 자주 빌어본다. 맞벌이 부부일수록 견고한 가족 간의 유대가 필요하고 그러한 유대는 조금만 노력하면 가능했을 것이라는 생각을 지금 하고 있다. 다만 내 아이들에게 내가 지녔던 장점을 얘기하면 늘 허용적인 분위기였고 책을 읽고 글을 쓰는 모습을 자주 보여주었다는 것이다. 그러한 일들이 내 자녀에게 어떤 영향을 주었는지 모르지만 책읽기가 생활화되는 계기가 되었다고 느낄 수 있었다면 참 행복하겠다.

오늘의 아버지는 생활전선에서 구명줄 같은 직장을 지켜야 하고 가정에선 가족을 지켜야 한다. 전에 비해 더 어려워졌고 훨씬 고단하다. 나도 그런 한 사람이었다고 모기만한 소리로 변명하고 싶다.

내가 다시 그려보는 아버지상

희생적인 아내가 있지만 옛날만큼 아버지상 확립에 적극적이지도 않고 아이들에게도 충분한 시간과 물질의 제공이 점점 힘들어지는 이 시대에 아버지는 허전하다. 아버지의 어깨는 무겁다. 직장은 평생직장일 수가 없고 부부간의 애정도 인연의 견고함도 많이 엷어져서 세상이 모래알 같다. 그런 환경에서 사랑을 심고 사랑을 나누고 사랑을 신뢰하지 않으면 어떻게 살 수 있겠는가. 그래서 다시 충분한 시간이 주어진다면 이것만은 하고 싶다는 나의 바람이 담긴 아버지상을 그려 보려고 한다.

먼저, 원칙이 있으면서도 자애로운 자녀들의 대화 상대가 되는 아버지가 되었으면 한다. 어렵지 않으면서 위엄이 느껴지는 넓디넓은 가슴에 아이들의 불만과 투정이 쏟아지고 그리고 그 투정과 불만을 잘 가려서 아이들을 설득시키는 아버지가 멋진 아버지일 것 같다.

두 번째로, 가능하면 일 년에 두세 번은 가족이 함께 여행할 수 있는 시간을 만들어 가족 간의 애정을 느끼고 공동체 의식을 갖는 기회가 있어야 하리라 생각한다. 가정은 사회의 가장 기초 단위이면서 가장 애정 어린 혈연조직이지만 그 애정마저 확인하고 다지지 않으면 삭막해진다. 그런 과정에서 아버지는 가족의 기둥이 되어 구성원들에게 신뢰와 믿음을 줘야 할 것이다.

세 번째로는, 자녀가 좋아하는 일을 찾아내고 그것이 직업이 될 수 있도록 격려해주고 뒷받침해주는 아버지가 되었으면 한다. 인생은 정말 순간이다. 이런 짧은 시간을 사는 우리에게 스스로가 좋아하고 즐기는 일을 하면서 동시에 그 일을 통해 생활 가능한 재화를 얻을 수 있다면 얼마나 좋은가. 그 보물찾기 같은 중요한 작업은 아버지 어머니의 주의 깊은 눈과 그 뒷받침에 의해 가능해진다고 나는 믿고 있다.

네 번째로는, 세상을 바라보고 당당히 걸어갈 수 있는 자기 철학을 가질 수 있도록 지도하는 아버지였으면 한다. 누군가 가정은 사람 만드는 공장이라 했다. 거친 표현이긴 하지만 무리는 아니다. 유태인들은 아버지는 신본주의神本主義사상과 IQ개발을, 어머니는 EQ교육을 해야 한다고 한다. 자녀의 유태인다운 본질은 어머니에 의해 결정되지만 그 유태인의 본질을 다듬어 도덕적 형식을 갖추게 하는 것은 아버지의 역할이라고 한다. 건강한 사상이 있으면서도 건조하지 않은 품성을 지니면서 자기 스스로 세상을 보려는 태도와 방법을 아버지가 가르쳐 줄 수 있었으면 한다.

다섯 번째로, 전 식구가 함께 독서하는 시간을 많이 가지도록 노력하고 아버지가 모범을 보여줄 수 있었으면 한다. 빌 게이츠는 "나의 오늘을 있게 한 것이 하버드대 졸업장이 아니라 우리 동네의 도서관"이라고 말한 적이 있다. 미래는 창의력에 의해 결정된다고 한다. 그렇다면 독서만큼 좋은 창의력 함양 교육이 있겠는가. 독서는 자연스런 생활의 일부가 되어야 한다. 이 중요한 일을 아버지가 앞장서서 모범을 보였으면 하는 마음이다.

마지막으로, 아버지는 유능한 경제인이었으면 한다. 이 힘든 세상을 건너가는데 돈은 어쩔 수 없이 필요하기 때문이다, 처음 강조되어야 할 항목이지만 미안해서 마지막에 쓴다. 힘든 일이기 때문에. (2009)

바겐세일

 집으로 배달되는 신문 속에 전단이 함께 들어있는 경우가 많다. 그 대부분이 백화점 바겐세일을 알리는 상품 광고이다. 바겐세일 기간에 백화점 주변 도로가 정체된다는 보도를 접하기도 한다. 또 간혹 주변사람들 중에는 세일기간에 맞춰 물건을 구입하기 위해 물품 리스트를 따로 준비해 두는 사람도 있는 걸 보면 적지 않은 사람들이 백화점 바겐세일을 믿고 기다리고 있다는 사실을 확인할 수 있다.

 특히 우리나라는 봄, 여름, 가을, 겨울 정기세일, 바캉스세일, 추석, 설날세일, 프리미엄세일 등 여러 가지 명칭으로 바겐세일을 한다. 바겐세일이란 기간을 정하여 특별히 정가보다 물건을 싸게 파는 것인데 바겐세일 기간 중 물품들을 정말 싸게 파는 지는 한번쯤 생각해 봐야 한다.

보통 유럽이나 미국 등 외국의 백화점이 여름과 겨울 두 차례만 세일을 실시하는데 비해 우리 국내 백화점의 연중 세일 기간은 153일~258일이나 된다. 다른 나라에 비해 적게는 1.5배, 많게는 8.6배나 세일기간이 긴 셈이다.

유행상품이나 계절상품 같은 것을 유행이 지났거나 성수기가 지나면 다음 적기까지 비용을 들여서 보관하느니 헐값으로 특매 처분하는 편이 경제적이기 때문에 바겐세일을 하게 되는데 우리나라의 경우 재고 정리의 성격을 가지는 동시에 판매 정책의 단계에서 미리 바겐세일용 상품을 생산하는 경우가 있다. 이 때문에 좋은 상품을 싸게 살 수 있다는 기대와는 달리 보통상품의 대량판매라는 좋지 못한 인상을 주게 되어 1981년에는 바겐세일 연간횟수 제한이라는 조치를 정부에서 내린 적도 있다.

그렇지 않아도 백화점은 사람들의 소비 및 구매 심리를 활용한 매출 전략을 잘 활용하는 곳으로 유명하다. 쇼핑을 위해 백화점에 가보면 구매 촉진을 위해 1층에는 화장실을 두지 않는다. 용변을 보기 위해 급히 들어온 사람을 2층으로 올라가게 만들어 상품을 보고 머무는 시간을 길게 하여 판매율을 높이고자 한다. 1층에는 주로 명품매장과 향수 화장품 매장을 입점시켜 고객들이 현실을 잊고 환상 속에서 쇼핑에 빠져들도록 하는 전략을 쓰기도 한다.

또 백화점에는 휴게실이 최소화 되어 있는 경우가 대부분이다. 커피숍이나 음식점 의자나 소파는 너무 푹신하지 않도록 하고 패스트푸드점의 의자는 30분 이상 앉아 있으면 불편하도록 디자인되어 있다. 너무 편안한 휴식공간을 제공하면 머무는 시간이 길어지고 동시에 회전율이 낮다는 계산에서 기획된 것이다. 엘리베이터보다 에스컬레이터가 활성화되어 있어 에스컬레이터를 타고 매 층마다 다니면서 상품을 구매할 수 있도록 하고 가까운 진입구에는 넥타이등 상대적으로 가격이 싼 잡화를 많이 진열해 두어 고객의 마음이 쉽게 열리도록 만들어 두고 있고 매장에는 시계와 창문을 설치하지 않는다. 시간 가는 줄 모르고 쇼핑에 전념하도록 하고 쇼핑하는 동안 바깥 일은 잊도록 하기 위해서이다.

이렇듯 다양한 전략을 세워 고객을 부르는 백화점에서 매출을 높이기 위해 가장 많이 애용하는 전략이 바겐세일이다.

미리 가격을 올려두고 바겐세일기간에 30~40%씩 싸게 파는 것으로 선전하여 소비자들을 불러들이는 바겐세일이 있다면 더 이상 우리사회가 허용해서는 안된다. 합리적이고 적정한 가격으로 소비자들의 구매욕구에 알맞은 상품을 공급하도록 노력하는 자세가 필요하기 때문이다. 기업은 정직과 신뢰를 바탕으로 소비자들에게 봉사하는 자세로 제품을 만들어야 한다. 그리고 소비자들은 합리적인 판단과 소비의식으로 올바른 소비문화 구축에 앞장서야 한다.

당연히 백화점도 좋은 물건을 대량으로 팔아 기업의 이윤을 추구하는 곳만이 아닌 좋은 상품을 많은 소비자들에게 합리적으로 제공하는 문화 아이콘의 역할을 수행하는 곳이 되어야 한다.

(2008)

섬

1

딸아이가 울음 머금은 얼굴로 돌아온 적이 있다. 고등학교 때였다.

짝지가 학교에 안 오는 게 좋겠다는 말을 했기 때문이었다. 어수룩하고 늘 깊은 명상에 잠겨 있고 분명하지 않고 외톨이인 딸아이를 바라보면서 나는 나의 청소년 시절을 다시 보는 것 같아 섬뜩한 느낌이 들었다.

경남 창녕 부곡, 이십여 마지기 농토를 가진 농부의 아들로 나는 태어났다. 공부가 재미있고 또 인내력이 있어서 아슬아슬하게나마 학교를 졸업한 셈이다.

생각하고 책 읽는 습관 때문에 문학이란 세계에 발을 들여놓을 수 있었을 뿐 체계적으로 어느 누구의 지도를 받아 문학 공부를 한 적은 없다. 다만 문예부에 들어 글짓기 대회에 나가 상을 타곤 했고 그때마다 현실적으로 한계가 있는 나의 생활을 뛰어넘는 이야기의 세계, 혹은 상상의 세계가 매력적이라고 느꼈을 뿐이다.

고등학교 때는 밀양에서 주로 생활을 했다. 밀양이란 고읍이 풍기는 이미지도 그렇지만 강과 둑, 그리고 소나무 등 많은 자연경관들이 예술세계에 빠져들게 할 만큼 아름답고 정적인 동시에 또 한편으로는 동적이기도 한 곳이다. 그래서 다른 공부보다는 문학쪽이 훨씬 내게 가까이 다가왔다. 밀양 예술제 백일장에는 조지훈, 박남수, 박목월 선생 같은 분이 와서 심사를 하셨다. 영남루 마루에서 남강을 내려다보며 시를 쓰는 그때의 모습은 지금 회상해 보아도 가슴 설레는 장관이 아닐 수 없다. 나는 지루하게 하루 하루 공부를 해야 하는 학교가 싫어서 빨리 졸업할 방법을 선택하다가 실패하기도 하고 결석도 많이 했다.

결국 그러다가 지루한 고등학교를 졸업하고 대학에 가게 되었다. 내가 가고 싶은 곳은 서라벌예대였다. 그러나 가난한 우리 집안에서 취업 보장이 안되는 그런 곳의 진학을 허락할 리가 없었다. 결국 사범대학을 택한 것이다. 그리고 다른 꿈을 그리며 사회교육학과에 입학을 했다.

대학은 참 좋았다. 많은 시간이 허락되었다. 그러나 1학년의 황금 같은 시간을 나는 사법고시라는 미망의 덫에 갇혀 실없이 보내 버렸다. 군 입대 그리고 제대 후 다시 찾은 캠퍼스에서 내가 느낄 수 있었던 것은 내 어깨 위로 더 차갑고 쓸쓸한 바람이 분다는 것이었다.

그러던 어느 날 『고시계』를 사러 갔다가 우연히 《현대시조》라는 계간지를 발견하게 되었다. 중학교 때 이은상, 김상옥, 이호우 선생의 작품 정도를 기억할 뿐인 나에게 '시조' 전문지는 신기한 느낌을 주었다. 머리를 식힐 때 읽기로 하고 우선 그 책을 사왔다.

그날 밤은 비가 많이 왔다. 그런 분위기가 《현대시조》를 들추게 했다. 그 책 속에서 이영도 선생을 만났다. 선생의 「모란」은 아름다운 서정시였다. 그 감흥에 취해서 아무 목적도 수련과정도 없이 작품 두 편을 썼다. 「엽서」와 「코 고무신」이었다.

이 작품이 결국 나를 시조시단으로 끌어낸 것과 마찬가지이다. 학보사 투고, 그리고 발표와 더불어 하반기 문예 총평란에 김춘수 선생의 '복현문단의 시인'이란 과분한 평이 내 생의 행로를 돌려놓는 결과가 되었기 때문이다.

그 이듬해 나는 《월간문학》에 당선되었고(발표되지 않았음), 다시 이영도 선생의 권유로 《현대시조》 3회 추천을 받았기 때문이다. 내게 시조와의 인연은 그런 것이다. 그러나 곰곰 생각해 보면 어릴적 어머니께 붓글씨로 써 드렸던 고시조를 유난히 좋아했다든가 호흡이 짧은 자유시 습작 등에서 시조를 쓸 수 있는 징후는 보였다고도 생각된다.

우울한 외톨이, 꿈꾸는 듯한 사색의 나날, 그리고 간결한 시조와의 만남이 내 이름 뒤에 시인이란 명예를 붙여준 것이다.

2

나는 70년대 출신 중에서는 비교적 왕성한 활동을 한 편이다. 작품이나 월평, 세미나 주제 발표, 강연 등 기회 있을 때마다 참여하려고 노력했기 때문이다. 월평은 전봉건 선생의 권유로 시작한 일이고 시집은 서종택, 유재영 시인의 권유로 내게 된 것이고, 그 외의 여러 일은 윤금초, 김제현, 서벌, 이상범, 이근배 등 선배 시인들의 도움을 크게 입었다.

내가 시인이 되고 난 뒤 가장 많이 받은 질문은 "왜 하필 시조를 쓰게 되었느냐?"는 것이었다. 정말 어처구니없는 질문이다. 소설을 쓴다거나 자유시를 쓴다는 사람에겐 아마도 그런 류의 질문은 하지 않을 것이다. 속으로 불쾌해 하면서도 "좋아서 쓴다" "체질에 맞아서 쓴다"라고 웃으면서 대답하곤 했지만, 자신의 시관詩觀에 대해 의미 있는 산문을 준비하고 있어야겠구나 하는 생각을 하게 되었다. 산문에 손을 대게 된 것도 그런 이유와 관계가 있다.

월평에 손대고 난 뒤부터 김춘수 선생이나 박철희 선생의 글을 많이 읽게 되었다. 조동일, 김제현, 서원섭, 김열규 교수의 여러 글을 만났지만 결국 다른 장르로 이탈하지 않고 계속 시조를 쓸 수 있도록 입지를 만들어 주시고 또 활로를 열어주신 분으로 박철희 선생을 잊을 수가 없다. 조악한 문체로 쓰인 내 세 권의 산문집은 오류투성이지만 의미 있는 말의 대부분은 그 은사님의 것이다. 창작면에서는 역시 김춘수 선생의 이미지 만들기, 이영도 선생의 말 아끼기, 장순하 선생의 현대성, 정완영 선생의 가락의 중요성 등을 배워왔다. 가장 바람직한 작품으로 릴케나 엘리아르 혹은 로버트 프로스트 그리고 김상옥을 흠모하지만 실제 내 작품은 릴케의 영향을 가장 많이 받았으리라 생각된다. 언제쯤 따사롭고 청정한 그 봉우리의 기품을 흉내 낼 수 있을까? 그날을 기다리며 나는 시조를 쓴다.

3

80년대에 접어들면서 우리 시조시단은 복잡한 인맥을 구성하게 되었다. 그것은 세력 불리기, 혹은 상업성과 타협한 결과일 수도 있고 그렇지 않을 수도 있다. 시인의 수도 당연히 많아졌다. 이러한 모습은 비단 시조시단만의 현상이 아니다. 그럼에도 불구하고 이 사실이 유독 시조시단에 중요한 이유는 정예시인의 수가 많지 않은 곳에서 쉽게 세력 불리기 쪽으로 흘러가면 장르의 입지마저 흔들릴 수 있기 때문이다. 이런 사실을 염두에 두고 생각해 보면 나는 비교적 행복한 사람이다.

70년대 등단 시절부터 몇 안되는 수이지만 좋은 친구를 얻을 수 있었기 때문이다. 내 문단생활에 가장 큰 영향을 준 유재영, 서종택과의 인연은 나를 가꾸는 참으로 소중한 자산이었다. 작품 평가, 작품 발표 태도나 문단 교유 범위, 심지어는 인생사 전반에 걸쳐서 나는 이 친구들의 영향을 받았다. 함부로, 아무 곳에나 글을 발표하지 않고 살아온 것이나 문학의 쟁점에 참여하기 위해 말로, 작품으로 논쟁할 때 늘 이 친구들은 냉정한 비판자가 되어 주었다. 그리고 윤금초 형, 박시교 형과 보낸 30년에 가까운 시조 지키기의 외로움과 정직함은 80년대에 들어서면서 더 절실한 일이라고 느끼고 있다.

그러나 어떤 식으로 설명해도 나는 섬이라는 느낌을 지울 수가 없다. 외톨이의 학창 시절, 외로운 시조 쓰기의 선택 그리고 전공과는 사뭇 다른 분야에서의 고투 등이 늘 그늘처럼 나를 덮고 있다. 때때로 작은 양광이 내 그늘을 지울 때면 오히려 불안해진다. 그만큼 불안함, 쓸쓸함, 어려움에 익숙해져 있다는 것일까. 그럼에도 불구하고 다음 얘기를 끌어안고 나는 시조를 지키며 살아갈 것이다.

> 근대 이후의 시조가 소생할 수 있었고, 한국시가에서 그것이 중요한 의미를 갖게 된 것은 경험의 개체화가 이루어진 것과 관련시켜 이해될 수 있다.
>
> — 박철희, 『韓國詩史硏究』(p.179)

내 무딘 시조의 삶 앞에 이 말은 등불처럼 좌우명처럼 걸려 있다.

(1997)

눈물

더러는
옥토에 떨어지는 작은 생명이고저…

흠도 티도
금가지 않은
나의 전체는 오직 이뿐!

더욱 값진 것으로
드리라 하올제.

나의 가장 나아종 지니인 것도 오직 이뿐!

아름다운 나무의 꽃이 시듦을 보시고

열매를 맺게 하신 당신은

나의 웃음을 만드신 후에

새로이 나의 눈물을 지어 주시다.

— 김현승, 「눈물」

  인용한 시는 기독교 세계관에 입각하여 소멸과 영원성 그리고 신의 계시를 노래했던 시인 김현승의 「눈물」이다. 갑자기 눈물이 아쉬워져서 이 시를 꺼내 읽는다. 생각해 보면 그립고 반갑고 아름다운 것에 대한 우리들의 최상의 표현이 눈물이다. 군에 가는 형님 앞에선 웃음을 보이시고는 돌아서서 울던 어머니의 모습을 유년시절에 보았다. 결혼식장, 졸업식장 등에서 마지막 북받치는 석별의 표현에는 눈물이 백미였다. 이산가족의 만남, 입양아동과 생모의 수십 년 뒤의 만남 또는 시험 합격과 같이 행복하고 기쁜 감정의 표현에도 눈물은 빠지지 않았다. 서러울 때도, 너무 억울하고 가슴이 답답할 때도, 눈물이 그 심정을 대변해 주었다.

  그 복잡한 감정만큼 눈물의 성분도 다양하다고 한다. 화가 났을 때는 교감신경이 흥분해 눈물에서 수분은 적어지고, 대신 염화나트륨 농도가 짙어지며, 슬플 때 흘리는 눈물은 산성도가 높아 신맛이 나고, 기쁘거나 감격해서 나오는 눈물엔 약

간의 단맛이 난다고 한다.

90%의 물, 알부민과 면역글로불린 같은 단백질, 이물질을 녹이는 라이소자임 그리고 다양한 전해질로 구성되어 있는 눈물은 크게 몇 가지 의학적 기능을 가지고 있다. 눈물은 눈의 방어막으로서 면역물질이 세균을 죽이고 라이소자임이 잔해물질을 녹여 버리기도 하고 윤활유와 냉각기능을 하기도 한다. 눈물과 각막, 결막에서 분비되는 점액물질 그리고 눈꺼풀에서 나오는 지방 등 끈끈한 액들이 눈꺼풀의 마찰을 줄여준다. 이런 보호막이 없으면 결막의 손상은 불가피해질 수밖에 없으며 눈물은 시력의 질을 좋게 하기도 하여 거칠고 주름이 잡혀있는 각 결막을 덮어 빛을 고르게 반사하도록 도와준다.

그러나 지금 내가 눈물을 아쉬워하는 것은 단순히 이런 의학적 관점에서의 생각이 아니다. 노래를 좋아하고 여유를 즐기고 다정다감했던 우리들에게서 눈물을 발견하기 어렵다는 사실은 일종의 사회적 병리현상일 수 있다는 진단에서이다. 물론 요즘 사람들의 눈물 감소의 원인을 최근 발표된 중앙대 용산병원 김재찬 교수팀의 안구 건조증 소사 결과(75%의 국민이 안구 건조증을 앓고 있다)와 같이 의학적으로도 생각해 볼 수 있지만 그보다는 메마르고 불안정한 심리적 요인이 더 크리라는 추측 때문에 걱정을 하게 되는 것이다.

불안정하다는 것에는 물론 여러 가지 원인이 있을 수 있다. 물질적 결핍, 전망 부재의 미래에 대한 심리적 동요, 직장이나 사회구조에 대한 소속감 결여 혹은 소통 방법의 단순화 내지는 부재 등이 그 현상에 관여하고 있다. 메마른 사회의 한 징후라는 것 또한 비슷하다. 치열한 경쟁 속에서 살아남아야 하는 생존 공간에서 눈물은 안으로 몰래 흐르거나 말라버릴 수밖에 없는 사치스런 표현 방법일지 모른다. 그런 반응은 남성, 여성 모두에게 다 그렇다. 일이십 년 전만 하더라도 여성에게는 눈물이 그리 낯선 단어는 아니었다. 어쩌면 여성스러움의 한 특징으로 눈물을 상상할 수 있었다. 그러나 이제는 확연히 달라졌다. 가령 여중학생들에 대한 폭력 예방지도가 남중학생들보다 훨씬 어려워진 것이 전국적인 추세인 것도 그 사실을 증명하는 사례이다.

언어는 알몸으로 거리를 활보하고 생활은 조건에 복종할 뿐 쉽게 자신의 나약함을 보일 수 없는 사회에서 눈물은 무용하고 무가치한 감정의 낭비일 수밖에 없다. 한 때 학교의 졸업식이 눈물바다를 이루는 것을 막기 위해 학교에서 졸업식 전에 진취적인 기상, 희망의 기상을 심어주기 위해 송·답사대용으로 시를 읽히거나 희망적인 내용을 써서 발표하도록 지도한 적이 있다. 그러나 이제는 오히려 그 반대의 지도가 필요한 시점이 아닌가 생각된다.

진정으로 기쁜 마음, 슬픈 마음 또는 서러운 마음을 눈물에 담아낼 수 있는 여유 있는 사회가 되었으면 한다. 한국인임을 부끄러워했다는 하인즈 워드가 서울시 명예 시민증을 받고 참았던 울음을 터트리는 광경을 본 사람들은 눈물의 소중함과 아름다움, 눈물의 진정한 가치를 느꼈으리라 생각한다.

(2008)

경청하는 사회를 고대하며

1

 1968년 일본에서 획기적인 미술운동인 모노파를 주도하여 한국과 일본 미술계에 큰 영향을 끼쳤고 백남준과 더불어 한국이 낳은 세계적 미술가로 평가받는 이우환의 수채화 '대화'는 연녹색 중앙을 제외하면 거의 여백으로 채워져 있다.
 "왜 넓은 공간을 여백으로 남겨두었느냐"고 어느 기자가 물었을 때 "여백은 그냥 비워둔 것이 아니라 외부 세계와의 대화 통로로 남겨둔 것"이라고 했다. 그는 "종을 치면 소리가 울려퍼지듯 캔버스 여백은 주변으로 확장되는 울림의 공간"이란 설명을 붙였다. 비워둠이란 이처럼 오묘한 의미를 머금고 있다. 따지고 보면 자신을 드러내기 보다는 상대방의 반응을 더 적극적으로 담아보려는 노력이 일방통행의 이 조형예술 속에

깃들어 있다. 문학에서도 수용이론이 있다. 한때 위세를 떨쳤던 독자반응이론이 바로 이 이론이다. 비평의 궁극적 관심 대상이 텍스트라는 사실을 부정하지 않으면서도 문학의 텍스트를 이해하는데 독자의 반응을 중시해야 한다는 이론이다. 예술가들은 작품을 창작하거나 분석하면서 이처럼 상대를 배려하려는 끊임없는 실험을 한다. 하물며 우리가 매일 만나서 의논하고 함께 고민하고 선택하고 행동해야 하는 일상생활의 경우 상대의 반응을 받아들이려는 노력이야말로 얼마나 중요한가에 대해서는 재론할 여지가 없다.

그러나 우리를 둘러싼 세상에는 폭력적 소음만 난무하고 있는 느낌이다. 노사의 투쟁이 그렇고 단체나 민원인들의 의사표현 방법이 그렇고 여야의 대화가 그렇다. 무슨 의미 있는 토론장의 풍경도 예외는 아니다. 상대를 포용하려는 자세를 발견하기 어려운 것이 오늘 우리들의 현실 풍경이다. 지방자치제가 실시되고 우리 사회 곳곳이 민주화되면서 자신의 의견을 피력할 기회가 많아졌다. 그만큼 사회가 열리고 있다는 증거이나. 그러다 보니 말은 홍수처럼 쏟아지는데 상대편의 의견을 진지하게 들으려는 자세는 잘 보이지 않는다.

이런 현상이야말로 개탄하지 않을 수 없다. 이 병적 현상을 예방할 교육 장소는 여러 곳에 있다. 정치지망자 연수원이나 기업의 사원 연수원, 시민교육을 위한 여러 기관 등에서 가능하다. 아니 가능한 것이 아니라 반드시 해야 한다. 학교에서도 물론 민주시민 교육을 철저히 해야 한다. 열린교육이라 해서 학생활동을 적극적으로 유도하는 수업을 많이 한 때가 있었다. 그런데 이 교육을 받은 학생의 모습에서 우리가 쉽게 발견할 수 있는 행동유형은 자신의 의견은 잘 표현하지만 다른 사람의 의견을 잘 듣지 않는 것과 안정감이 부족하다는 것이었다. 광풍으로 밀어닥쳤던 논술교육에 대해서도 많은 사람들이 걱정하는 것은 논술이 정의나 진리를 도출하는데 의미를 두는 것이 아니라 자신의 주장을 얼마나 빈틈없이 기술해 내느냐에 포인트가 있기 때문이다. 이런 경우 우리가 걱정하는 것은 이 말 많은 세상에 이런 유형의 교육이 혹시 희랍시대의 소피스트를 양산하지는 않을까 하는 우려이다.

2

기축년 새해가 왔다. 유래 없는 미국발 경제불황이 지진처럼 세계를 강타하고 있는 이 때 '쟁점법안 타결'과 '물리적 저지'라는 여야의 전면전은 어렵사리 끝이 났다. 그 타결이 국민의 뜻을 얼마나 반영했는가와 관계없이 험악하게 연출되었던 의사당 활극에 비해서는 다행스럽다. 그러나 타협이나 합의 혹은 협의의 과정이 이렇게 소란스러워서야 국민의 대변장인 우리 국회의 품위를 지킬 수 있겠는가. 교수협의회는 지난해를 상징하는 사자성어로 '호질기의護疾忌醫'를 발표했다. 우리가 병을 오히려 고치지 않고 둘러싸고 있었다면 그건 무엇 때문이었을까, 그 병은 왜 진단되고 치료되지 않았을까, 물론 그 상징적 사자성어의 깊은 뜻을 나는 모르지만 소통의 벽에 막혀서 병을 병으로 파악하기 어려운 우리 사회의 단면을 희화한 말이라고 짐작해본다.

누가 나에게 올해는 어떤 사회가 되길 원하느냐고 묻는다면 스스럼없이 "경청할 줄 아는 사회, 경청하려고 노력하는 사회가 되길 바란다"고 얘기하고 싶다. 상대편의 얘기를 메모하는 사람, 상대편의 탁견에 고개를 끄덕이며 공감을 표시하는 사람이 많았으면 좋겠다. 토론할 땐 자신의 의견과 같은 점 다른 점을 세밀히 메모하면서 토론의 목표에 접근하려고 노력하는 사람이 많았으면 좋겠다. 상대편의 의견이 옳다고 깨달은 뒤에도 꾸역꾸역 자신의 의견만 반복해서 주장하는 토의자보다 스스로 미처 살피지 못한 상대의 의견을 수용하고 칭찬해주는 사람이 많았으면 좋겠다. 상대의 의견이 맞는다면 자신의 신념까지 바꿀 각오가 되어있는 열린 토론자가 우리 사회 곳곳에서 여론을 조율하고 바람직한 여론 형성에 기여하는 아름답고 합리적인 사회가 되었으면 싶다.

"듣는 능력이야말로 정보를 수집하고, 인간관계를 폭넓게 하며, 상대의 불만까지도 활용할 수 있게 하는 힘이 된다"는 후쿠다 다케시의 얘기는 입으로 군림하는 보스보다 귀로 신뢰받는 리더가 되려는 사람에겐 특히 의미심장한 금언이다. (2009)

손

 원고를 쓸 때 문인들마다 여러 가지 습관을 가지고 있다. 가령 집에서는 글이 안 되는 사람이 있다. 아내의 목소리, 전화 벨소리만 들어도 떠오르던 생각이 싹 가시고 만다고 그들은 얘기한다. 어떤 사람들은 반드시 집이 아니면 글이 안 된다는 사람도 있다. 구상이 안 되어서 그렇다고 한다.
 필기구와 관련해서도 애착이 다르다. 어떤 사람은 이제 컴퓨터 앞에 앉아야 생각이 떠오르는 사람이 있는가 하면 아직도 손에 익은 만년필이라야 글이 된다는 사람이 있고 연필이나 볼펜을 즐겨 사용하는 사람도 있다.
 글 쓰는 시간이나 분위기도 중요하다. 새벽이라야 글이 된다는 사람, 술을 조금 마시고 쓰면 잘 된다는 사람 등 그야말로

백인백색이다.

이런 여러 가지 습관들이 자신에게 맞는다고 생각하고 그걸 생활화 해온 사람도 있지만 나이에 따라 자신의 환경에 따라 변하기도 한다.

내게도 몇 가지 습관이 있다. 필기구는 연필을 사용해야 편하다. 그냥 연필 한 자루 깎아서 쓰는 것이 아니라 적어도 네 자루 정도는 정성껏 깎아놓고 주위를 정리해야 글이 된다.

그리고 반드시 이를 닦고 손을 깨끗이 씻고 쓴다. 잘 모르는 사람은 이런 습관을 가진 나를 굉장히 깔끔한 사람이라고 상상하기 쉽겠지만 전혀 그렇지 않다. 그럼에도 불구하고 이 습관은 변하지 않고 있다. 특히 손에 대한 집착은 병적일 정도로 유별나다. 손을 깨끗이 씻고 아무런 생각 없이 앉아 있을 때도 있다. 손을 보고 손에 대해 시조를 쓰기도 한다.

오선지에 닿으면 떨리는 음률이 되고
그대 곁에 앉으면 진초록 파도가 되는
손 하나
우리 붙잡고
대로大路에 그냥 서 있자

이 손의 내력을 아무도 묻지 말자
어둠을 빙자해서 피 묻은 죄를 짓고

오늘 와 만났다 해도
그냥 미더워 하자.

햇살은 나뭇가지에 헤픈 웃음 날리고
거리는 바쁜 발길로 화덕처럼 뜨거운데
우린 왜 섬이 되어서
정처 없이 떠도는 걸까.

― 이우걸, 「손」

  이 작품은 1996년에 나온 시집 『사전을 뒤적이며』에 실려 있는 「손」이란 작품이다. 나는 이 작품 외에도 손과 관련된 작품을 몇 편 더 가지고 있다.
  옛날에는 밖이 좋아서 부슬부슬 봄비 오는 날이면 여행용 가방에 사전과 책을 가득 넣고 여관을 찾기도 했고 어느 지인이 산사를 권하면 산사로 발길을 옮기기도 했지만 지금은 집이 좋아서 집에서 글을 쓴다. 그러나 손 씻는 습관만은 아직도 변하지 않고 있다. 왜 그럴까? 스스로 느끼고 하는 행동이 아니라서 조리 있게 논리적으로 말할 수 없다. 그러나 회고해보면 누군들 다를까 만은 손은 나의 가장 확실한 충복이요, 나를 살게 했던 신체의 한 부분이기 때문이리라.
  춘궁기 때 소나무 껍질을 벗기던 손, 6·25사변 때 들판의 소를 몰고 서 있게 했던 손, 어느 날 산속 못에 빠져 허우적거리다 가까스로 나뭇가지를 잡게 했던 손, 가난한 재수생인 내게 대학의 문을 열어준 손, 어쭙잖은 재주로 평생 글을 쓰게 한 손…. 그렇다. 우연이 아니다. 아직도 내가 깨닫지 못해서일 뿐 나는 손에게 너무 많은 부채를 지며 살았고 지금도 살고 있다. 그래서 영혼의 거울 앞에 머리를 빗 듯 글을 써야 할 때 나는 제의처럼 손을 씻어야 했던 것 같다. 찢어진 손톱, 흉터가 군데군데 드러나 있는 손가락과 손등을 보면서 내 생이 거쳐 온 농업중심 사회, 산업사회, 정보화 사회를 생각한다. 언제나 벼랑이었던 하루하루를 내 손이 지탱해 준 것이다.

앞으로도 글을 쓸 때는 제일 먼저 손을 깨끗이 씻고 세상을 바라보고 싶다.

(2009)

아름다운 광기 狂氣

1

새벽 두시.

바람 소리에 잠이 깨어 베란다에 서서 창밖을 내다본다. 신도시의 아파트숲 모두가 불 끄고 평온한 잠에 빠져 있는 시간이다. 나는 묵묵히 서서 바람이 어둠을 할퀴고 가는 이 외로운 도시의 빈 거리를 바라본다. 세상의 모든 이가 잠든 밤에 나 혼자 깨어 있다는 느낌이 나를 외롭고 두렵게 한다. 마치 혼자서 깊은 우주 속으로 뚝 떨어진 그런 느낌, 모든 이와 대화의 통로가 완전히 단절된 그런 느낌이다.

그런데, 바람 소리 때문일까. 멀리 불 켜진 창 하나가 희미하게 나를 바라보고 있다. 누군가 나처럼 드센 바람 소리에 잠들지 못한 걸까. 저쪽의 불빛도 나를 보고 있을지는 알 수 없다. 아무튼 잠 못 드는 이가 나 혼자만은 아니라는 사실이 다소 위안이 된다. 그가 누구인지 왜 잠들지 못하고 있는지는 알 수 없지만 누군가가 나와 함께 깨어 있다는 것만으로도 나는 그의 인간적 온기를 함께 느낄 수 있다.

모두가 잠들었을 때 깨어 있는 것. 어쩌면 그것은 문학인들이 가져야 할 기본적 자세가 아닐까 스스로 생각해본다. 모두가 평온할 때 그 뒤에 숨어 있는 위험을 느끼고, 모두가 행복하기만을 바랄 때 닥쳐올 불행의 그림자를 먼저 느끼고, 모두가 애써 두려움을 외면할 때 의연히 맞서서 두려움의 실체를 포착하는 것 그런 것들 말이다. 항상 깨어 있으며 두려움이나 비겁함 없이 어둠의 길을 한 걸음 앞서 나가고 그리하여 뒤에 오는 사람들에게 등불이 되어 줄 수 있는 자. 그것이 바로 문학인의 자세가 아닐까 생각해본다.

"문학은 엄숙한 인생의 해부자解剖者요, 계시자啓示者요, 지도자라야 한다. 이 점에서 문학은 철학, 종교와 동일한 사명을 가진다. 따라서 문인文人은 지기를 구원한 자, 자기를 확립한 자, 만인을 가르칠 오悟와 수修를 가진 자여야 한다." 춘원春園의 이 말은 21세기의 문명과 자연의 충돌 속에 험한 파고를 넘으며 새로운 길을 모색하는 우리 작가들도 귀 기울여야만 할 것으로 생각된다.

2

 짧은 가을은 어느새 발걸음 빠르게 물러가고 이제 막 겨울이 시작되고 있다. 경남문인협회 회장으로서 내가 맡았던 4년의 임기도 이 겨울을 끝으로 마무리를 짓게 된다. 돌아보면 지난 4년 동안 나름대로 경남문학의 발전과 외연확대 그리고 독자들과의 소통을 위하여 여러 가지 일들을 기획하고 추진했지만 결과가 모든 회원들이 만족할 만한 수준이었는지는 나 자신이 스스로 평가하기가 어렵다. 시간이 흐르고 나면 회원 여러분들이 마음으로 평가하게 되리라는 생각이다.

 다만 임기 첫해를 지나면서부터 우리 경남문인협회가 주관하게 된 〈경남문학상〉을 비롯한 〈우수작품집상〉 그리고 계간 경남문학에 매호 특집으로 꾸며지는 「경남문학 집중조명」 「이 작가를 주목한다」난의 해당 작가를 선정할 때 반드시 심의 위원회를 소집하여 난상토론을 거쳐 오로지 작품 위주로 선정하려 노력했다. 이것은 임기 시작부터 작품 위주로 작가를 선정한다는 나의 소신과 의지를 믿고 따라 준 위원님들의 전폭적인 지지가 있었기에 관철될 수 있었고, 그 점 지금도 뿌듯하게 생각하며 위원님들의 노고에 감사드린다.

 또 하나, 〈경남 시 예술제〉가 내 임기에 시작되어 이제는 명실 공히 경남문학의 축제의 장으로 자리 잡은 것이다. 경남의 작가들이 지역적 국가적 이슈에 현실적으로 대응하고 또 작품을 통해 시민들과 문제의식을 공유하는 가운데 자연스럽게 작가와 시민이 문학을 매개로 벽을 허무는 역할을 해왔다는 것이다. 이 또한 회원님들의 폭발적인 호응이 없었다면 이루기 어려운 성과였을 것이다.

시 예술제가 끝난 뒤 작품들을 책으로 묶어 첫해 『모국어로 되살리는 고구려의 맥박』 이듬해 『독도여 독도여』 다음해 『아! 낙동강이여 낙동강이여』 그리고 올해 『아! 노래하자 우리 자연』을 펴내게 되었다. 고구려를 주제로 했던 것은, 갈수록 지능화되고 노골화되어 가는 중국의 동북공정에 맞서 우리 경남 문학인들의 의지를 천명하기 위함이었다. 독도를 기획했던 해는 한·일 우정의 해에 일본 시마네 현이 독도를 그들 말로 표기한 다케시마의 날로 선포하고 일본 관료들은 작심하고 독도에 대한 망언을 쏟아내던 해였다. 이에 우리 경남의 작가들은 단호히 우리의 의지를 알리고자 기획했던 것이다. 낙동강은 경남도민의 생명의 젖줄이다. 낙동강은 경남도민에게 삶의 터전을 주었고 작가들에게는 끝없는 영감의 원천이었다. 마지막으로 『아! 노래하자 우리 자연』은 2008년 람사르총회가 우리나라에서 열리는 것에 발맞춰 자연에 대한 감사와 자연적 무지에 경고를 울리고자 기획했으며 너무 많은 회원들이 참여해 주어 지금도 감사한 마음을 가지고 있다. 앞으로도 〈경남 시 예술제〉는 역사적 혹은 현실적 문제를 바탕으로 시민과 문인들이 함께 호흡하며 유대를 깊이 하는 장으로 더욱 발전되기를 소망한다.

3

　새벽 텅 빈 거리를 베란다에서 내려다볼 때마다 나는 외롭다 못해 두려움까지 느낀다. 새벽 바다, 새벽 산기슭에서 느끼는 외로움은 자연에서 너무 멀리 떠나와 버린 인간이 자연과의 소통이 서먹하기 때문일 것이다. 그러나 도시의 텅 빈 새벽은 그곳이 내가 오랫동안 몸담아 살고 있는 곳인데도 여전히 낯설고 두렵다. 어쩌면 시인이란 문명과 공존하기 어려운 태생적 뿌리를 가지고 있는지도 모른다.

> 녹슨 인연을 부수고
> 포크레인은 떠났다.
> 쓸쓸함, 애절함, 허망함이 뒤섞인
> 고요의 극점
> 폐허를 뚫고 나온 민들레가 돋보이는
> 텅 빈 오후
> 샛노란 염원 하나가 떠내려간다.
>
> 안녕!
> 뼈만 남은 사랑.

백색관모白色冠毛들 아우성치고
　　민들레 홀씨가 허공에 흩어진다.

　　　　　　　　　　　　— 이현우, 「폐허와 민들레」

　이현우 시인의 「폐허와 민들레」는 제목부터가 예사롭지 않다. 가만히 들여다보면 거기에 자연을 파괴해버린 인간에 대한 자연의 당연한 분노는 없고 오히려 끝없이 포용하려는 자연의 숭고한 정신을 보게 된다. 인간이 세우고 인간이 허물어버린 문명의 상흔을 조용히 감싸 안는 자연의 모성이 눈물겹다. '민들레'는 아마도 시인 자신이며 이 땅의 모든 시인이라 해도 좋을 것이다. 인간이 망가뜨린 자연을 바라보며 시인은 분노하기보다 끝없이 감싸 안고 한없이 용서하려는 깊은 심성을 보인다. 시인의 그 깊은 뜻은 '민들레 홀씨가 허공에 흩어' 지듯 상처 입은 이 땅의 구석구석 흩어져 또다시 꽃피울 것이다.

　　고등어를 나듬는다.

　　수면을 가르던 지느러미 단칼에 베고
　　힘차게 파도 밀어내던 꼬리도
　　푸른 물빛 닮은 옆구리 살마저 베어 던지고,
　　발라낸 가시를 접시에 담는다.

한때 수평선을 바라보던 마음으로
바람에 뼈 말리던 내 육신,
내 초라한 詩 한 접시
내일은 그 눈마저 뽑아버리고 싶다.

— 김미숙, 「自序」

 김미숙 시인이 시로 쓴 이 「自序」 한 편 역시 문명사회에서 좌절하는 시인의 이상과 현실을 정확하게 보여주고 있다. 이상은 수평선을 향해 푸른 파도를 가르며 나아가고 싶고 수평선 너머의 유토피아를 두 눈으로 확인하고 싶지만 현실에서 그것은 요원하기만 하다. 좌절한 시인은 영혼의 지느러미도 사유의 꼬리도 베어내고 심지어 세상을 바라보고 자신을 바라보던 눈마저 뽑아버리고 싶다고 소리친다. 접시에 남은 발라낸 가시 한 점이 시인이 건져 낸 시라면 슬픈 일이다.

 그래도 우리는 글을 쓴다. 폐허에서 자신을 피우고 때로는 자학으로 자신을 괴롭히며 그래도 우리는 글을 쓴다. 그것만이 문학인이 세상과 대항할 수 있는 유일한 무기이자 희망이기 때문이다.

 앙드레 지드의 말을 기억한다. "가장 아름다운 작품은 광기狂氣로 발동되고 이성理性으로 쓰는 것이다"

 회원 모두의 도움으로 지난 4년의 임기를 대과大過 없이 마칠 수 있음에 감사드린다. 경남 문인 여러분의 아름다운 광기가 폐허에서 한 송이 꽃으로 피어나 멀리멀리 흩어질 수 있기를 희망한다.

(2007)

다이어트

 이번 여름은 더웠다. 그 폭염을 한층 부채질한 것은 판도라 상자 같은 도청 테이프였다. 사람들은 산과 들에서 더위를 식히느라 야단들이었다. 우리 회원님들도 의미 있는 세미나 참석을 위해 국내외로 혹은 가족들과 가까운 피서지에서, 가정에서, 담소를 나누며 지혜롭게 여름을 견뎠으리라 생각한다. 그런데 이런 계절이면 자연히 노출이 심하게 되고, 노출이 심하게 되면 다이어트라는 과제와 사투를 벌이는 사람들이 많다. 자신의 몸을 아름답게 가꾸려는 욕구는 비단 현대인의 고민만은 아니었겠지만 지금 너무 심각하게 병적으로 전염되고 있는 게 아닌가 하는 걱정마저 든다. 오히려 가장 정상적인 체중을 유지하고 있는 사람들이 더 걱정하면서 살빼기 운동을 강행한다고 한다.

  그런데 정말 다이어트가 필요한 곳은 문학이 아닐까 생각한다. 특히 시는 감춤을 그 미학적 특성으로 하는 장르이며 사물의 순간적 파악을 속성으로 하는 상상력의 산물이기 때문이다.

>빈집 장독대
>고요가 모여서
>탱탱한 석류알을 키우고 있었구나
>양철문
>가시 울타리
>다 부서진 담장 안에도
>
>   — 문희숙, 「독가촌을 지나며」

>그대에게 이르는
>영혼의 계단이 없어
>
>한 생애 글썽이던
>은하의 궤도를 돌아
>
>정표로 두고 갑니다
>빈 가지

깨끗한 흔적

　　　　　　　　　　　　　— 문희숙, 「석류꽃 질 때」

　조탁된 간결의 미학이 돋보이는 인용한 작품들은 단순하지만 결코 단조롭지 않다. 가령 근대화가 놓치고 간 몰락한 농촌 풍경의 환기나 한 식물을 대상으로 잃어버린 사랑의 정념을 일구어 내는 솜씨는 아무나 쉽게 흉내 낼 수 있는 수준이 아니다. 작지만 깨닫고 보면 커지고, 미약하지만 터득하고 나면 강해지는 시가 성공한 단시의 매력이라 할 수 있을 것이다. 결코 내포되어 있는 의미만을 말하는 것이 아니라 시행 한 행 한 행이 머금고 있는 문자향과 그 문자향들이 그려내는 현실에 대한 질타를 겹쳐 읽을 수 있을 때 공감할 수 있는 울림을 얘기하는 것이다.

　　그리피스 조이너의 달리는 건각 같은
　　새파란 유월 아침이
　　관능처럼 일어서면
　　영원한
　　보랏빛 추억
　　나팔꽃 눈을 뜬다

　　　　　　　　　　　　　— 홍진기, 「나팔꽃」

장식적인 수사가 있긴 하지만 새로운 시어를 개발하려는 의지가 눈에 띄는 작품이다.

영양 과다의 시, 진부한 사변으로 뒤덮인 시, 다층적 이미지만 있고 통일성이 없는 시, 설명으로 가득하고 발견이나 성찰의 눈은 보이지 않는 시들 속에서 갑자기 다이어트라는 말이 떠올랐다. 비단 시에서만 이러한 지적이 유효한 것은 아닐 것이다.

(2005)

아, 초정 선생님

　초정 선생님 가신지 일 년이 되었습니다. 선생님이 바라시던 시의 봄날은 올 수 없는 이상이었지만 현실은 여전히 척박하고 병든 종이꽃들은 여기 저기 흐드러지게 피어있습니다. 그 풍경들을 바라보면서 많은 지각 있는 사람들은 선생님이 이승에 드리우셨던 정신의 영역, 시혼의 영역, 예술의 영역을 다시 생각합니다. 물론 그 추모의 정은 다양하겠지만 민족시의 비길 데 없는 전범典範으로 이 땅의 부끄럽지 않는 시인으로 선생님에 대한 존경과 사랑은 한결같은 마음이라 생각됩니다.

　그 많은 사람들 틈에서 제가 느낀 선생님에 대한 생각들을 몇 가지 펼치면서 추모의 정을 나누고자 합니다.

첫 번째로 선생님은 작품 제일주의자였습니다. 이 말이 누구나 수긍할 수 있는 평범한 얘기로 들릴지 모르겠지만 일생동안 한 예술가가 이 가치관을 꼿꼿이 지니고 살아가기에는 우리가 사는 세상이 결코 평탄하지 만은 않습니다. 그러나 분명 초정 선생님은 그 가치관으로 생각하고 행동하셨습니다. 그래서 선생님을 심사위원으로 모시길 꺼리고 또 마찰음도 많았지만 그 어떤 어려움이 있어도 선생님은 작품 제일주의자로서의 가치관을 양보하거나 접는 일을 하시지 않았습니다. 혼탁한 이 땅의 시조문학에 지금 만큼이라도 질서를 세우고 시문학적 결실을 얻을 수 있었던 것도 선생님의 강직한 비평안 때문이 아니었나 하는 생각을 저는 가지고 있습니다.

두 번째로 선생님은 일생동안 늙지 않는 시를 쓰셨습니다. 늙지 않는 시란 독자에게 지루함을 주지 않는 시를 얘기합니다. 선생님은 시, 시조, 동시, 동요 등 시와 관련된 모든 장르의 작품을 쓰셨습니다. 그리고 언제나 새로운 느낌을 주는 실험적인 작업을 하셨습니다. 가령 시조의 경우를 예로 든다면 「옥적」, 「십일면관음」, 「백자부」, 「촉석루」 등 시집 『초적』 시대에는 문화재나 유적, 유물에 특별히 관심을 가지고 언어의 탐미주의자라는 인상을 줄 만큼 치밀하고 아름다운 작품을 쓰셨지만 시집 『삼행시 육십오편』과 『먹을 갈다가』에 오면 다듬지 않은 일상적 어휘들이 시속에 그대로 사용되고 있습니다. 7,80년대 폭압의 정치시대에 익사해버린 우리의 개성과 산업사회의 갈등과 고통을 헤아리면 그 과정을 충분히 이해할 수 있습니다만 결코 작은 변화는 아닙니다. 이호우 선생님이 그랬던 것처럼 초정 선생님도 계속 기존 작품들을 개작하셨습니다. 이러한 노력은 이승을 떠날 때까지 목숨 걸고 창작에 임해 온 시인으로서 흠결을 남기지 않으려는 몸부림으로 볼 수 있을 것입니다.

마지막으로 초정 선생님은 너무 많은 예술적 재능을 지니신 분이셨습니다. 다 아는 얘기지만 서예, 그림, 전각, 골동품 감식, 인쇄물에 대한 감각 등 이루 헤아릴 수 없을 만큼 많은 전방위 예술가였습니다. 그 재능이 많으셔서 시 세계가 훼손된 경우가 아니라 그 많은 재능들이 시를 풍요롭게 하고 시의 품격을 높였다고 저는 봅니다.

초정 선생님께서 이종문 시인 등 일행 몇 사람과 함께 마산에 오신 적이 있습니다. 그 때 「대구식당」이라는 한정식집에서 시집간행 계획을 말씀하셨습니다. 『삼행시 육십오편』과 같은 고급 시집을 펴낼 예정으로 계셨습니다. 그 때 저는 강한 반론을 펴고 선생님의 시집은 초등학교 아이들의 책가방에도 들어갈 수 있는 평범한 것이어야 하고 그것이 시조가 사는 길이라고 강조해서 말씀드렸습니다. 김교한, 하순희, 김연동, 김복근 시인 등과 크리스탈호텔에서의 담론 때도 저는 늘 선생님의 의견 반대편에서 자주 얘길 드렸지만 그것이 제가 선생님께 바칠 수 있는 존경과 사랑의 방법이었음을 아셨을지 모르겠습니다.

우리 시조가 살아있는 한 선생님은 시조를 사랑하는 모든 사람들의 사표로 영원하시리라 믿으며 선생님의 명복을 빕니다.

(2005)

술꾼, 말꾼, 찍자꾼

　60~70년대에는 '술꾼이 일꾼이다' 라는 말을 예사로 하고 또 그 말을 수긍하는 사회 분위기였다. 농업이 주업이었던 우리나라에서 술은 공동 노동의 촉매 역할을 하기도 했고 흥을 돋우는 잔치음식일 뿐 아니라 의례히 선거 때면 술 공세가 중요한 득표활동이었다. 고무신 한 켤레와 두부 김치 안주에 공짜 소주 몇 잔 마시고 취해서 보리밭 밭두렁 논두렁에 쓰러져 있던 그 시절 유권자들의 풍경이 눈에 선하다. 술을 많이 마시고 많이 사주고 술값을 많이 만들 수 있는 사람이 능력자이니 술꾼이 일꾼이란 말이 어색하게 들리지 않았다. 그렇지 않아도 동양문화에서 호주가好酒家는 늘 스케일이 큰 남성의 매력으로 평가되곤 했으니 말이다. 지금도 함께 웃고 즐기기 위한

음식으로 주류를 당할 것은 없어서 폭탄주까지 등장하고 있지만 술꾼이 일꾼이란 말은 이제 듣기가 어려워졌다.

그 다음 등장한 일꾼이 말꾼이다. 한글사전에는 '말꾼'을 '마을꾼'의 준말이나 '말몰이꾼'으로 풀이해 놓았지만 지금 이야기하고자 하는 낱말은 '말 잘하는 사람' 혹은 '말 많이 하는 사람'을 복합적으로 지칭하는 '말꾼'이다. 60년대나 70년대만 하더라도 엄혹한 독재치하에서 민초들이 숨죽이고 있을 때 사리에 맞게 위정자의 실정을 조목조목 비판하는 야당 지도자의 연설을 듣고 있으면 3년 묵은 체증이 내려가는 듯한 쾌감을 맛볼 수 있었다. 그들은 국민들에게 그냥 말꾼이기 보다는 마치 일제치하 독립투사 같은 당당함과 의로움을 지닌 영웅이었다. 그 영웅의 실체는 더 따져봐야 하겠지만 그 시기의 분위기는 그랬다. 그런 여러 지도자들과 민주주의를 열망하는 국민들에 의해 우리 사회는 바람직한 민주제도를 향해 전진해 왔고 드디어 지방자치제까지 실시하게 되었다. 놀라운 발전이 아닐 수 없다. 아직도 여러 곳에서 투명성에 의문을 제기할 수 있겠지만 국민 스스로가 혹은 국민의 대표자가 소신 있게 자신의 의견을 말할 수 있는 기회가 많아지게 된 것은 사실이다. 이런 시대에 말꾼은 일꾼인 것이다. 특히 국회의원, 도의원, 시·군의원, 교육위원 등은 전형적인 말꾼이고 또 말꾼이 되어야 한다. 그들의 임무가 말해야 하는 것이고 그 말의 호소력 여하에 따라 그들의 정치생명이 달려있다.

그런데 그런 말꾼에게도 반드시 지켜야 할 룰이 있다. 그 첫째는 진정성이다. 말에 진정성이 없으면 말을 하는 의미가 없어지게 된다. 의미 없는 말을 하는 것은 말의 희롱이 된다. 두 번째는 나라의 이익을 먼저 생각하고 그 다음 지역의 이익을 생각해야 된다. 대의에 어긋나는 말을 예사로 하는 사람은 나중엔 결국 자기 말에 대한 가치관을 피력할 수 없는 사람이 된다. 말의 체계를 세울 수 없기 때문이다. 세 번째로 비판적인 말을 해야 할 때 자신이 이 일을 처리한다면 어떻게 하겠는가, 혹은 했겠는가라는 가정을 반드시 해보고 비판해야 하고 그 비판이 다른 사적 이익을 취하기 위한 비판을 위한 비판이 되어서는 안 된다. 또 정확한 근거와 논리에 의한 비판이어야 하고 추측 비판은 곤란하다. 아울러 바람직한 비판은 대안 있는 비판일 때 공감을 준다.

우리시대 말꾼 뿐 아니라 우리 스스로는 나름의 기준을 가지고 얼마나 정확하게 신중하게 또 겸손하게 언어생활을 하고 있는가 반성해 볼 필요가 있다.

민주주의가 생활화된 우리 사회에서는 누구나 말꾼일 수 있다. 그러나 말꾼이 함부로 말을 해서 신용을 잃었을 때는 경우에 따라 범죄자가 될 수도 있다. 괜한 트집을 잡으며 덤비는 것을 속되게 이르는 우리말로 찍자라고 부른다. 무조건 부정하고 무조건 비판하고 무조건 트집 잡고 보자는 식의 사고는 찍자꾼의 사고다. 이럴 경우 상대에겐 깊은 상처를 주고 사회에는 불안의 분위기를 조성하고 자신에겐 부끄러운 과오를 남기게 된다. 우리 주위에 건전한 비판자보다 찍자꾼이 더 많을지도 모른다는 착각을 여러 사람들이 하고 있는 것은 아닐까? 정말 착각이었으면 좋으련만 정말 착각이 아닌 찍자꾼이 많아서 국정이 체증상태에 있고 사회가 불안한 것은 아닐까. 그러한 불안이 극기의 정신으로 나아가야할 우리 개개인에게 무기력증을 전염시키고 있는 것은 아닐까.

　물론 그럴 리는 없다. 끈질긴 우리 역사는 지칠 줄 모르는 우리 국민이 만들어온 것이다. 난세일수록, 격동의 시기일수록, 또 고난의 시기일수록 더 단결하고 더 인내하고 더 힘차게 극복해온 백성이 아닌가. 그러나 늘 경계하자. 나는 혹시 점점 찍자꾼이 되어가고 있는 것은 아닌지, 나는 혹시 나 자신마저 부정하고 있는 것은 아닌지…. 혹시 이 시대에는 찍자꾼이 일꾼이라고 생각하고 찍자꾼이 되려고 몸부림치는 것은 아닌지.

(2009)

3부

4월이 되면 우리 경남문학관에서 서간문 전시회를 가지려고 한다. '편지' 하면 내겐 초등학교 시절의 추억이 가장 먼저 떠오른다. 4학년 때다. 3월 새 학기가 시작되면 늘 설레곤 했는데, 올해에도 무난히 반장을 할 수 있을까 하는 생각 때문이었다. 그때 내게 막강한 라이벌이 있었다. 우리 반에 교감선생님 아들인 박민성이 3학년 2학기 때 전학 와서 함께 공부하고 있었기 때문이었다. 그는 키가 크고 내가 보기에도 잘 생겼고 특히 복장이나 두발 면에서 나는 상대가 되지 못했다. 여름철에도 우린 짧은 린닝이나 허름한 셔츠로 대충 그 계절을 견뎠고 머리는 빡빡 기계로 밀어버리는 빡머리 스타일이었지만 민성이는 그 비싼 나일론 셔츠를 잠자리 날개처럼 입고 있었고 영어책 표지에 나오는 톰슨이나 죠지처럼 가위로 예쁘게 깎은 하이 컬러 머리라 누가 보아도 귀티가 났다. 그러니 여학생들 인기야 얘기할 필요도 없었다. 그래도 민성이는 전학 왔다는 것, 아직도 나를 믿고 따라주는 남학생이 있다는 것, 그리고 그믐밤 반딧불이처럼 소수지만 나를 지지한다는 메시지를 보내는 여학생들이 존재한다는 사실 때문에 나는 자신감을 잃지 않고 있었다.

편   지

편지

 4월이 되면 우리 경남문학관에서 서간문 전시회를 가지려고 한다. '편지' 하면 내겐 초등학교 시절의 추억이 가장 먼저 떠오른다.
 4학년 때다. 3월 새 학기가 시작되면 늘 설레곤 했는데, 올해에도 무난히 반장을 할 수 있을까 하는 생각 때문이었다.
 그때 내게 막강한 라이벌이 있었다. 우리 반에 교감선생님 아들인 박민성이 3학년 2학기 때 전학 와서 함께 공부하고 있었기 때문이었다. 그는 키가 크고 내가 보기에도 잘 생겼고 특히 복장이나 두발 면에서 나는 상대가 되지 못했다. 여름철에도 우린 짧은 런닝이나 허름한 셔츠로 대충 그 계절을 견뎠고 머리는 빡빡 기계로 밀어버리는 맨머리 스타일이었지만 민성이는 그 비싼 나일론 셔츠를 잠자리 날개처럼 입고 있었고 영어책 표지에 나오는 톰슨이나 죠지처럼 가위로 예쁘게 깎은 하이 컬러 머리라 누가 보아도 귀티가 났다. 그러니 여학생들 인기야 얘기할 필요도 없었다. 그래도 민성이는 전학 왔다는 것, 아직도 나를 믿고 따라주는 남학생이 있다는 것, 그리고 그믐밤 반딧불이처럼 소수지만 나를 지지한다는 메시지를 보내는 여학생들이 존재한다는 사실 때문에 나는 자신감을 잃지 않고 있었다.

그 소수 중에 배영자라는 여학생이 있었다. 그 학생은 진주 배영초등학교에서 전학을 왔다. 진주사범을 졸업하고 처음 교사가 된 언니 따라 온 학생이었다. 3학년 담임선생님은 일제고사가 있고 난 뒤엔 꼭 나와 영자를 남겨서 시험지를 매기게 하셨다. 다른 사람은 얼씬도 못하게 하고 두 사람만 교실에 있게 감시를 해주셨다. 우리는 시험지를 매기면서 가벼운 장난도 치고 간식을 나누어 먹으면서 여러 가지 이야기를 하기도 했다. 그래서 시험 칠 때가 빨리 왔으면 하고 기다리곤 했다.

새로 들어오신 담임선생님이 임시 반장으로 나를 부르시곤 정식 선거일을 다음 주 수요일이라고 예고 하셨다. 나는 묵묵히 임시 반장을 하고 있었지만 내심 편치 않았다. 십리 과자를 얻어먹었다는 얘기도 들리고 내가 정말 믿고 있던 남자 친구 몇 명이 민성이 편으로 넘어갔다는 이야기도 들렸다.

드디어 반장선거일이 왔다. 나는 할 말을 따로 연습하고 옷도 제일 멋지게 입었다. 그리고 아이들이 일제히 집중해 주는 가운데 학급 반장 후보자로서 나름의 출마소견을 또박또박 이야기 했다. 민성이도 했다. 그런데 민성이는 내가 보아도 촌스럽지 않은 용모와 복장, 누가 가르쳐 주었는지 훨씬 의미 있는 얘기를 말하듯이 읽었다. 그리고 투표가 시작되었다. 얼마 후 개표를 해 보니 내가 떨어지고 민성이가 당선되고 말았다.

교실이 어수선한 그 시간 영자는 내 손바닥에 무언가를 살짝 쥐어주고 갔다. 하교시간쯤 몇몇 친구들이 위로의 말을 주고 갔다. "차라리 잘 되었다. 너 이제 공부로 승부해라"라든지 "그래도 우리는 네가 반장일 때 마음이 편했다" 등이었다. 성의 있는 친구들의 위로의 말에도 아무 느낌이 없었다. 오로지 영자가 주고 간 봉투 안에 무슨 사연이 들었을까 하는 궁금증만 온갖 상상과 함께 깊어지고 있었다. 종례가 끝나자마자 누구와도 얘기하지 않고 우리 동네로 가는 농로를 따라 빠르게 걸어가다가 뒷산 쪽으로 빨리 몸을 숨겼다. 혹시 누가 함께 보자고 할까봐 조심조심 주위를 살핀 뒤 책보에 넣어두었던 편지를 꺼내 읽었다.

'너는 늘 모범생이었고 좋은 반장이었어. 나는 네가 좋았다. 그래서 너처럼 행동하고 너처럼 공부하려고 노력했어. 반장 안 된 것 너무 서운해하지마. 내 마음엔 언제나 네가 반장이야. 나는 네가 가장 멋지게 보인다. 진심이야.'

침을 묻혀가며 또박또박 쓰인 글씨들은 의기소침해 있던 내게 용기를 주었다. 이듬해 언니의 타교 발령으로 영자도 전학을 갔다. 그리고 그 후론 소식을 듣지 못했다. 3월이 오면 삘기 뽑아먹던 배고프고 길기만 하던 봄이었지만 나를 격려해주던 영자의 편지가 아직도 추억으로 남아있다.

편지는 역사가 길다. 신약성서의 일부도 사도들의 편지로 구성되어있다고 한다. 지금은 이메일을 이용해서 봉함편지를 교환하기가 쉽지 않은 시대에 살고 있지만 편지는 정성스레 자신의 의사를 담아 전할 수 있는 아름다운 양식이다.

이번 경남문학관 서간문 전시회가 편지쓰기운동을 전개하는 시발점이 되었으면 한다.

(2010)

규격품은 더 이상 팔리지 않는다

우리는 지금 변화의 속도가 무척 빠른 시대에 살고 있다. 사회적으로 볼 때 1980년대가 질質의 시대요, 1990년대가 리엔지니어링(reengineering)의 시대였다면 2000년대는 속도의 시대이다.

교육의 현장에서 구체적으로 적용해서 얘기해 본다면 1980년대는 칠판의 시대, 90년대는 영상의 시대, 2000년대는 미래형 교실 U-Class 시대가 될 것이다. 사회나 학교의 속도변화에 적응하기 위한 노력은 치열할 수밖에 없다. 이 변화의 속도에 뒤떨어질 땐 회복하기 어려운 낙오의 함정에 빠져버리기 때문이다.

빌 게이츠는 이런 21세기 사회의 성격을 '생각의 속도'로 표현하고 있다. 디지털 신경망의 진단을 통하여 정보의 흐름을 꿰뚫는 통찰력과 결정된 사안의 실천적 행동이 변화의 속도를 따라 잡을 수 있는 관건이라는 것이다. 그렇다면 '21세기 변화의 속도에 걸맞는 인재는 어떻게 양성할 것인가'가 우리 교육의 새로운 화두로 자리매김하게 되는데 이것은 창의성 교육을 통하여 해결할 수밖에 없다.

창의성과 관련된 재미있는 이야기를 동물들을 의인화한 아래의 우화에서 살펴보자.

동물들이 모여서 새로운 미래를 위한 학교를 만들기로 하였다. 그들은 달리기, 나무에 오르기, 날기, 헤엄치기 등으로 짜인 교과목을 만들고, 모든 동물들이 이런 교과목을 전부 공부해야만 하였다. 오리는 수영과목에서는 눈부신 실력을 발휘하였으나 날기와 달리기 과목은 형편없었다. 방과 후에 달리기 연습을 너무 많이 한 나머지 오리는 발의 물갈퀴가 너덜너덜해져 수영 과목조차도 겨우 평균 점수밖에 받을 수 없었다. 토끼는 달리기 과목에서 선두를 차지하며 당당하게 수업을 하였다. 그러나 수영 과목의 기초부터 배우느라 너무 많이 물속에 들어간 나머지 신경쇠약에 걸리고 말았다. 나무 오르기 과목에서 독수리는 꼭대기에 올라갈 때까지 큰 날개를 퍼덕여 다른 학생들을 방해해 자주 지적을 받았다. 독수리는 자기만의 방식으로 나무 꼭대기에 올라가게 해달라고 주장했지만 끝내 받아들여지지 않았다. 그 결과 누구보다도 높이 나는 탁월한 능력을 가진 독수리였지만 졸업할 때까지 문제아 취급을 받았다.

이 이야기는 마크 빅터 한센의 '영혼을 위한 닭고기 스프' 중에 나온다. 독자들은 이 이야기를 읽고 오리와 토끼, 독수리가 받은 교육의 문제점을 떠 올렸을 것이다.

모두를 똑같이 만들어 버리는 교육, 각자의 개성을 인정해주지 않는 교육, 개인이 가진 소질을 발전시켜주지 못하는 교육은 앞으로 변화의 속도를 따라가지 못할 것이며 평균인만을 양성하여 국가적 손실을 보게 될지도 모른다.

그러나 다행히도 우리의 학교현장에서는 아이들의 다양한 소질을 계발하고 개성을 살려주는 교육을 위하여 다양한 연구가 진행되고 있으며 여러 가지 시도를 통하여 창의적인 능력을 가진 아이들을 양성하기 위한 노력들을 펼치고 있다.

창의성은 문제해결능력을 길러준다. 자기에게 주어진 문제를 창의적으로 해결하는 능력을 가진 인간을 만들어 내는 일, 변화와 실패를 두려워하지 않는 개인을 키워내는 일이 학교의 몫이고 교사들이 사명감을 가지고 해내야 할 일이다. 개인이 가진 개성과 소질을 무시하고 모두를 똑같은 규격품으로 만들어 내는 교육은 변화의 속도를 따라잡지 못한다. 또한 규격품은 더 이상 팔리지 않는다. 학교교육의 최일선에서 아이들과 만나는 교사들은 오리나 토끼, 독수리에게 꼭 같은 능력을 갖게 하는 교육방법으로 아이들을 만나고 있지는 않은지 고민해야 할 것이다.

  또한 교육이 희망이 되는 이 시대에 자녀를 키우는 부모, 일선에서 아이들을 직접 가르치는 교원, 교육을 지원하는 행정가 모두가 이제는 규격품이 아닌 개성적인 인재를 길러내는 일에 최선을 다해야 한다.

(2007)

고엽 서우승을 추억하며

1973년 《현대시학》으로 등단한 그 해 나는 경북대 사대 역사교육과 고적답사반의 일원으로 통영에 가게 되었다. 이왕 통영에 간다면 시인 서우승을 만나야겠다는 생각을 하고 전화번호를 찾아 메모해 두었다. 우리 일행이 도착한 호텔을 빠져나와 서우승에게 연락을 취해보았다. 그는 반갑게 응답했고 우리는 곧 만나서 오랫동안 친교를 맺어온 친구처럼 의기투합해서 〈셈이집〉에서 박주일배를 하게 되었다. 시조에의 열정토로가 그 내용이었지만 세목을 들자면 현대시조의 방향, 젊은 시인들의 시작태도, 선배 시인의 작품 평가 그리고 우리 두 사람의 시조에 대한 감상평 등을 화제로 삼았다. 문학병에 깊숙이 빠져있었던 우리 두 사람에게 그 밤은 오래 기억될 만큼 진지하고 아름다운 시간이었다.

  대학을 졸업하고 마산으로 직장을 옮긴 이후로 우린 가끔 만나 차를 마시거나 술을 마시거나 하면서 뜸하지 않게 지냈다. 자존심을 잃지 않으려는 자세, 불의에 대한 저항의 자세, 시인이 취해야 할 시국에 관한 자세 등에서 나는 서우승의 도도하고 당당한 대처 태도를 속으로 자랑스럽게 생각했다. 그런 그와 나의 인연은 1984년 그의 첫 시집 『카메라 탐방』해설을 쓰게 했고 작품 평가 등 쉽게 나눌 수 없는 우의를 계속 이어갔다. 그러다가 사건 하나가 생겼다. 「경남시조문학회」결성 때 대학에서 시조 논문을 쓰시기도 한 신상철 교수님을 전임 김교한 회장님과 함께 고문으로 모신 뒤 입회를 그에게 권하자 "수필가가 어떻게 시조단체의 고문이 될 수 있느냐"고 고함을 치며 거절했다. 그 후로도 예전만큼 친하지는 않았지만 서로의 노력에 신뢰와 애정을 표하며 살아왔다.

  그런데 참 이상하다고 느낄 만한 일이 근년에 있었다. 4년 전인가 통영에 가서 일박을 한 적이 있었다. 그런 이튿날 아침 서우승은 현재호 선생의 그림 한 점을 들고 나타났다. 그리고 하는 말이 "내 시집 발문 원고료를 못 준 게 미안해서…. 이 그림으로 내가 좀 편해지고 싶다. 받아줘"라는 것이었다. 20년이 넘게 흘러간 옛이야기도 그렇거니와 그 가난한 시절 발문 원고료를 못 주는 일이 다반사였는데 그걸 이날까지 가슴에 품고 살아왔다고 하는 그 놀라움이 그날 밤 나를 잠들지 못하게 했다.

두 번째 놀랄 일은 《서정과 현실》이라는 잡지와 관련된다. 《서정과 현실》이 나오면 서우승은 늘 좋은 책이라는 응원의 메시지를 보내주었다. 그런데 원고를 달라고 하면 작품이 없다고만 해왔다. 스스로는 그 가난 속에서도 정기 구독까지 했다. 그러나 계속 원고는 주지 않았다. 그런데 그가 타계하기 얼마 전 나의 원고청탁에 선뜻 응한 것이다. 《서정과 현실》 10호에 실린 그의 유작은 다음과 같다.

이륙 즉시 주저앉은 비행기의 몰골같다

이 섬 겨드랑이에
돋았다가 꺾여진

대물린
한恨이 낳은 꿈
가득 실린 날개같다.

이리 큰 상처는 섬 나고 처음이란다

깨어진 유리창 속은
주야가 따로 없어

울타리
동백나무들이
등을 끄지 못한다

— 서우승, 「폐교를 보고」

바다가 알맞게
치마를 걷어올린 날

점점이 조개같은 조개잡이 아낙들 봐

한 물살
쏴 — 밀려오자
"걸음아 날살려라"네

눈도 깜짝 안하다니
갈매기들 수상쩍네

무슨 화두 푸느라 저리 조용 날고 있나

배 한척
사공을 잃어

뒤척이는 몸짓 두고

— 서우승, 「통영바다 스케치」

이 두 편을 읽는 독자들은 서우승 특유의 날카로움이나 치밀한 구성미를 발견하기 어렵다고 할지 모른다. 그러나 나는 타계한 서우승의 마지막 작품을 바라보며 그가 지닌 고향사랑의 결곡한 정신을 확인하게 된다. 그리고 두 번째 작품인 「통영바다 스케치」는 '70년 박재두 시인과 함께 김기호 시인을 만나러 가며' 라는 부제를 붙여놓은 개작이다. 평소에 유일한 스승으로 모시던 운초 박재두 선생이나 존경해 마지않던 김기호 선생은 이미 타계한 분이다. 하필이면 개작까지 하며 저승의 시인을 되새기고 싶었던 것은 그가 이승을 정리하고 저승으로 가기 위한 준비였을지 모른다는 생각에 이르게 한다.

세 번째 놀랄 일은 민병도 시인이 발행하고 있는 《시조21》이란 잡지에 이번 제28회 가람시조문학상 수상작이 된 「부록, 부록같은」이란 내 작품을 지난해 우수작으로 그가 추천한 것이다. 물론 평소에도 가끔 그는 "나는 너를 따라가긴 어렵다. 그건 노력과 타고 난 감성 그리고 여러 여건이 아우러져야 된다."는 말을 하곤 했다. 적어도 여건이란 말 속엔 학업을 이어갈 수 없었던 스스로의 지난 고통이 내재해 있는 뼈아픈 고백인 것을 나는 안다.

나와 꼭 같이 1946년에 태어나고 1973년 문단에 등단한 그를 이제는 이승에서 만날 수가 없다.

  그는 분명 타고난 시인이었다. 보통의 사람으론 시조를, 수필을 독학하다시피 거의 혼자서 공부하여 그 경지에 닿기는 어렵다. 아울러 가난에 패배하지 않았고 시류에 쉽게 휘말려 자신의 품위를 잃지 않았다. 그런 그가 이승을 정리하며 내게 보여준 우의는 아무리 생각해도 우연일 수 없는 일들이다.

  그에게 저승은 분명 그가 늘 임해야 했던 전장과 같이 비바람 휘몰아치던 이승과는 다르리라 믿는다. 아름다운 어느 곳에서도 그는 또 읽고 쓰리라. 다만 더 좋은 여건이 그가 소원했던 빼어난 시와 수필을 창작케 하리라 믿는다. 나는 눈시울 젖는 쓸쓸함을 이기며 그의 명복을 빈다. 친구여.

(2008)

'금'에 대한 단상

1

　미국에서는 '고요찾기' 운동이 벌어지고 있다고 한다. 음향 생태학자 고든 햄튼이 주창한 것으로 워싱턴주 올림픽 국립공원 호레인 숲에 있는 고요의 공간을 지키기 위한 것이다. 가로, 세로 2.54cm의 인위적인 소리가 전혀 들리지 않는 이 기적적 공간을 보호하기 위해 종합 음향실태조사와 비행금지구역 지정들을 주장하는 고든 햄튼에 대해 많은 미국인들이 공감을 표시하고 있다고 한다. 소음에서 해방된 자유 공간을 확보하려는 이 운동은 결코 쉽게 확대되기 어려운 현실적 여건을 갖고 있지만 우리가 살고 있는 이 지구가 얼마나 소음에 가득 차 있는가를 반증하는 것이기도 하다. 그 인위적 소음들은 물론 물리적인 소음현상을 의미하는 것이겠지만 내면적 혹은 심리적으로 침입해오는 잡음들까지 영역을 확대하면 그 피해는 훨씬 심각해지는 것이다. 아무리 조용한 주택가에 살고 있어도 그가 근무하는 곳이 소음으로 가득한 도심지에 있고 그가 관계하는 사회의 구성원들이 다분히 충동적이고 소음에 가까운 자극을 준다면 이 지구상 어디에도 소음의 피해를 방어할 길은 없을 것이기 때문이다.

    얼마나 깨어지기 쉬운 그릇이냐
    현미경으로 비추면 실금으로 가득할
    그대여
    매일 새 금이 죽죽 그어지고 있는
    그대여
    펄벅이 '슬픔을 안고 살아가는 방법'을 운위할 때
    사람들은 더러 '성숙'이라는 고상한 테제를 투영하기도 하더라만
    뭐라고 하든 아직 지탱하고 있는 것이 고마워라
    언젠가 깨어져 쏟아질
    그 몸으로
    생각하고
    시를 쓰고
    아이의 아비고

노모의 아들이다

아직, 흩어질 수 없어 단단히 죄는 불안한 몸이여

― 이상옥, 「유리 그릇에 관한 명상」

'유리 그릇'은 물론 화자 자신이다. 그렇다면 이 시는 황폐하고 남루한 일상 속에서 수많은 형태의 소음으로부터 위태롭게 자신을 지탱하고 있는 리얼한 소시민의 자화상이라고 할 것이다. 안으로 수없이 새겨지는 「금」을 스스로 느끼면서도 '생각하고' '시를 쓰고' '아비' 역할을 하고 '노모의 아들' 역할을 해야 하는 우리들의 모습을 이 시는 확인하게 하기 때문이다. 겸허와 수용의 마음, 고통 속에서도 삶을 껴안는 진중한 자세가 독자에게 다가온다.

새벽바다 달구는 350톤급 기관실 엔진 소리
일출 전 당기는 밧줄에 닿아 길들이고 있었네
상처난 이마에 또 쿵쿵 찍어대는 내 머리통
만질 때마다 벌써 매혹적인 항구를 빠져나와
한바다에서 바라보면 빙빙 도는 바닷새들뿐
꿈 많은 나의 두려움은 마구 흔들리기 시작했네

― 차영한, 「황천항해일지」 부분

바닷가에서 태어나고 오랫동안 바닷가에서 살아온 시인답

게 이 시인은 이상옥 시인과는 다르게 자연의 바다묘사에 훨씬 정성을 들인 작품들을 집중적으로 보여주고 있다. 그러나 그런 청정바다에도 인위적 소리는 여전히 남아 있다.

2

또 한 해가 마감된다. 늘 전망부재인 우리들의 삶, 불안하고 불온한 현대인의 삶 속에서도 영혼에 목말라하는 독자들을 위무하고 그 갈증을 해소할 수 있는 의미 있는 창작을 위해 새로운 준비를 해야겠다. 아울러 상처를 만들기보다 상처를 낫게 하고, 금을 긋기보다 그어지는 금을 지울 수 있는 넉넉한 마음으로 새해를 맞이했으면 한다.

(2006)

선물 이야기

대학 3학년 때 나는 《현대시학》을 통해 문단에 나왔다. 3회라는 까다로운 추천 과정을 통과했기 때문에 스스로 자신감에 차 있던 때였다. 친구들의 축하주 속에 일주일을 헤매다가 문득 떠오르는 걱정이 하나 있었다. 추천해주신 선생님께 인사 가는 일이었다. 가난한 학생에게 그럴듯한 선물을 고를 수도 없을 뿐 아니라 설사 골랐다 해도 살 여력도 없었다. 그래서 며칠을 끙끙거리다가 대구 앞산 공원에 세워져 있는 추천해주신 선생님의 오빠가 되는 이호우 시인의 시비를 탁본해서 가리라 마음먹었다.

나의 은사 이영도 선생님은 품격 높은 미인이셨고 또 매사에 빈틈없는 분이었다. 그런 품위와 성격은 작품을 지도해 주시는 과정에서나 일상생활을 통해 느껴지곤 했다. 최대한 함축미를 살리라고 이르시고 또 함부로 토씨를 사용하지 않도록 누누이 당부하고 지도하셨고 외식을 할 경우 곰탕이나 갈비탕 등 끓인 음식 외엔 입에 대시지 않았고 고층인 경우에도 엘리베이터를 타지 않으시고 계단을 차근차근 걸어올라 가셨다.

이런 분에게 마음에 드는 선물은 단연 오빠 시비 탁본 표구 액자 같은 영혼의 선물이라고 생각했다. 날짜를 잡아 사학과 교실에서 배운 솜씨로 정성껏 작품을 만들어갔다. 열차에서 버스로 그 큰 액자를 대구에서 서울까지 옮기는데 정말 땀깨나 흘렸다. 시비 실물 크기의 탁본 액자이니 쉽게 마음 놓고 기대 둘 장소도 없거니와 운반에 적지 않은 애로가 있었다. 막상 도착해서 인사드리고 조금 지나니까 나와 함께 데뷔한 김현이란 시인이 영주에서 왔다. 머뭇머뭇하다 함께 선물을 내놓았는데 내가 의기양양하게 선물 설명을 했더니 아무런 반응 없이 옆방에 갖다두라고 하셨다. 그런데 김현이 수삼을 내어놓자 선생님 얼굴이 환해지시면서 "현아, 이런 걸 고를 줄도 아니? 수삼 귀한거야." 하시면서 몇 번이나 칭찬하시는 것이었다.

뒤에 안 것이지만 가끔 대구에 오시면 이호우 선생의 시비를 보러 공원에 가시지만 '고 이호우 시비'의 '고' 자 때문에 속상해 하시는 걸 그 때 나는 몰랐었다. 다들 언젠가는 죽게 마련인데 시비에 왜 '고' 자를 넣었느냐는 것이 선생님의 생각이셨다.

　나의 경우 운반한다고 고생한 건 있지만 물질적으로 큰 부담이 안되었으니 덜 억울하지만 사실 정신적으로 물질적으로 엄청난 투자를 했는데 상대방이 몰라주는 예가 자주 있다. 엄격히 말하면 모든 경우가 그렇다. 구해서 보내는 사람의 비용과 받은 사람이 평가하는 선물가치가 다르기 때문이다. 주는 사람과 받는 사람 사이에 드러나는 경제적 가치의 차이인 사회적 자중손실(dead weight loss)을 줄이는 방법은 없을까? 어느 매스컴에서 부모님이 받고 싶은 선물을 순서대로 나열해 놓았는데 첫 번째가 현금, 두 번째가 상품권, 세 번째는 건강식품, 네 번째가 먹을거리인 것을 보면 아마도 충분한 답이 된다고 생각된다. 자중손실이 없거나 최소한도로 줄이는 선물들이기 때문이다.

　그러나 한가위 같은 명절에 부모님이야 그렇다 하더라도 가까운 지인들에겐 우의를 표하고 늘 도움을 받는 분들에겐 고마움을 표해야 하는데 현금을 돌릴 수는 없지 않은가. 이런 때엔 언제나 상대의 성격과 생활패턴을 관찰해서 적당한 선물을 선택하는 센스가 필요하리라 생각된다. 더구나 이제 막 불이 붙은 애인에게 보내는 선물의 경우는 자중손실이 문제가 아니다. 정서적인 감동을 유발할 수 있는 방법이 있다면 어떤 어려움도 견뎌야 할 것이다. 인상 깊은 선물 때문에 흔들리던 애정전선이 순조롭게 자리를 잡는 축복을 얻을 수 있기 때문이다.

또 갓 시집온 새댁이 시가 어른들께 드리는 선물도 마찬가지이다.

올해 추석은 역귀성하는 인파가 예년에 비해 3배 가량은 되리라는 예측이다.

오 헨리의 「크리스마스 선물」에서 볼 수 있는 남편을 위해 머리카락을 팔아서 산 아내 델라의 금시계줄과 아내를 위해 시계를 팔아서 산 남편 짐의 머리빗은 세상에 있을 수 있을까? 노부모님이 직접 가꿔 자식을 위해 운반할 보따리 사랑을 상상해 보면 누가 뭐라고 말해도 마음과 마음을 잇고 사람과 사람을 잇는 방법으로 선물만큼 아름다운 것은 없다는 단정은 진리이다. 그러나 정서적, 경제적 측면을 함께 고려한 낭비 없는 선물 선택은 우리나라 경제를 생각해서라도 반드시 실천해야할 미덕이 아닐까 생각된다.

(2008)

우리 말 우리 글 잘 보존해야

시월이면 개천절과 한글날을 생각하게 된다. 그러나 계절의 풍경과 어울리는 추억으로 내게는 한글날이 훨씬 가까이 다가온다. 초, 중, 고를 거치면서 한글날 전후로 열렸던 백일장은 학창시절 누구에게나 기억되는 모국어의 축제였고 나는 그 축제를 유난히 즐겼던 사람이기 때문이다. 스포츠나 그림그리기 또는 음악에 특별한 소질이 없어서 글짓기에 전력투구했는지도 모르지만 어쨌건 이런 행사에 기를 쓰고 참여했으니까. 그런 이유뿐만 아니라 글을 잘 읽고 잘 쓰고 살아가야 한다는 어떤 신념 같은 것, 의무감 같은 것을 그 당시 학생들은 가지고 있었다. 그래서 특히 최현배 선생의 『말본』을 품에 안고 살았고 국어책의 명문장은 대부분 외우고 있었다.

그런데 산업화가 가속도로 진척되고 정보화 사회가 되고 우리의 생활권이 세계와 함께 시시각각으로 호흡해야 하는 시대를 맞으면서 국어의 중요성을 점점 망각하고 있는 듯하다. 이런 시기에 인도네시아 부론섬의 6만 소수민족 찌아찌아족이 토착어를 표기할 공식문자로 한글을 도입하게 되었다는 뉴스는 여간 희소식이 아니다. 한글 수출 1호이자 한글의 세계화 운동의 주춧돌이라 할 만하기 때문이다. 현존하는 6,900개 언어 가운데 6,600개가 문자 없는 언어이며 그중 5,800개가 소멸될 위기에 있다고 한다. 그런 언어전쟁 속에서 얻은 결실이기에 뉴욕타임스는 "전쟁으로 잿더미가 된지 수 십 년 만에 경제적 번영과 민주주의를 이룩한 한국이 문자 없는 나라에 한글을 보급하는데 힘을 쏟고 있다."고 보도했고 월스트리트 저널은 "한글, 아시아, 인도네시아 섬 문자 되었다."는 제목의 대서특필 기사를 실었다.

한글의 우수성은 여러 가지라서 다 말하기 어렵지만 특히 정보화 사회에 가장 활용하기 쉬운 경제적, 과학적 언어라는 사실만은 자명하다. 컴퓨터에 한자나 알파벳으로 한 문장을 쓰는 것과 우리 한글을 사용해서 쓰는 경우를 보더라도 속도 면에서 비교가 안 된다. 휴대전화의 경우에도 그렇다. 휴대전화 입력 가능한 글자는 12개이다. 그러나 한글은 8개만 있으면 된다. 자음 5개와 모음 (ㆍ ㅡ ㅣ) 3개로 무슨 글자건 다 만들어낸다. Ⅰ.T 산업의 성공은 한글의 위대성과 관련되어 있다고도 볼 수 있다. 이런 모국의 글자를 귀하게 여길 줄 모르는 사람들이 늘어나고 있는 시점에 닿은 낭보라 기분이 더 좋다.

현재 우리 국민들은 세계화라는 링 위에서 살아남게 하기위해 후세들에게 가혹한 트레이닝을 시키고 있다. 그래서 교육비는 엄청난 액수가 되어 가정 경제를 흔들고 있다. 따라서 출산율은 줄어들고 결혼 연령도 늦어지고 아예 결혼을 포기하는 사람도 적지 않다. 이 교육비에서 중요한 세목으로 외국어 교육에 들어가는 비용이 가장 많고 국어와 관련된 금액은 소액에 불과하다. 거리의 간판들은 맞춤법과 관계없이 얼굴을 들고 반짝거리는 경우도 있고 학생들은 비어, 속어, 은어, 외설어 등을 아무런 거리낌 없이 인터넷 댓글 등을 통해 바이러스처럼 퍼뜨리고 있다.

표준어에 대한 공부, 언어예절에 대한 공부, 우리말의 소중함에 대한 공부는 어디서 해야 하는가. 그 일들이 단순히 학교에서 한다고 생각해서는 안된다. 말에는 혼이 담겨있다. 그 혼을 만들어내는 곳일수록 언어교육을 성공적으로 할 수 있다고 생각된다. 그렇게 본다면 가정만큼 중요한 곳은 없다. 문자 교육은 학교에서, 학원에서 배우고 온다고 해도 살아있는 언어교육 장소로는 가정이 우선이다. 옛이야기를 잠이 들 때까지 들려주시던 할머니가 없는 시대에 동화책을 함께 읽어줄 수 있는 어머니가 필요하다. 부부싸움 할 때도 극한의 언어만은 삼가는 인내가 아이들을 위해 중요하고 익명이라는 이유로 과도한 감정의 언어를 예사로 댓글로 쓰고 있는 자녀를 꾸중할 수 있는 곳으로 가정만한 곳도 없다. 그렇다고 가정에서만 한글 교육을 해야 한다는 말은 물론 아니다.

　가정에서, 학교에서, 사회에서, 모든 국가기관에서 모국어의 중요성을 깨닫고 지키는 일에 최선을 다 해야 한다. 그것이 우리의 영혼을 지키는 일이다.

(2009)

대여 김춘수 선생님을 기리며

1

　김춘수 선생님을 지면으로 뵌 것은 중학교 2학년 때이다. 시골 중학교 운동장에 가끔 밀양에서 왔다는 헌책장사가 가져온 책들을 운동장 한 귀퉁이에 펼쳐놓고 팔곤 했었다. 나는 침을 삼키며 그 재미있는 책들을 훑어보곤 했지만 뻔한 주머니 사정으로 못 사고 그냥 돌아가곤 했다. 책명은 지금도 기억한다. 한하운의 『보리피리』『나의 슬픈 반생기』, 노천명의 『사슴』, 이광수의 『흙』『무정』『사랑』 그리고 『한국단편소설집』….
　그러나 이런 책보다 더 탐나던 것이 김춘수 선생님의 『세계현대시감상』이었다. 무엇인가 감정과잉으로 명확하지 않은 그림을 언어로 그려 보곤 하던 나에게 바로 이 책은 스승이 될 수 있을 것 같았다. 결국 비교적 친절하게, 비교적 넓게 많은 시인을 소개한 이 책을 참고서 살 돈으로 눈 꾹 감고 사 왔다. 그리곤 외우다시피 읽고 또 읽으면서 그 유명시인들의 작품과 친해져 갔다. 물론 그 당시까지 김춘수 선생님은 교과서에 나오지 않는 시인이라 얼마나 시를 잘 쓰는 시인인지도 몰랐다.

나는 밀양에 있는 고등학교를 졸업하고 경북대학에 진학했다. 고등학교 땐 박재삼 시에 매료되어 있어서 김춘수 선생님을 까맣게 잊고 있었다. 그리고 대학에 가면 문학과는 냉정히 돌아서리라 생각하며 진학했다. 6개월 캠퍼스 생활을 하고 한일 회담 반대 데모가 학원가를 흔들던 때 나는 육군에 입대했다. 그리고 1970년 9월 제대를 하고 복학하면서 사법고시 준비를 하기로 마음먹었다. 1학년 2학기, 그 을씨년스러운 가을 낙엽들을 구둣발로 짓이기며 『고시계』를 한약 먹듯 읽으며 중앙도서관 4층에서 지루한 나날을 보냈다. 그러던 어느 날 『고시계』를 사러 갔다가 《현대시조》라는 계간지가 있어서 시조 전문지도 나오는구나 하는 신기한 생각으로 같이 사왔다. 그 날 밤은 비가 왔다. 지구상의 외로움이 모두 내게로만 쏟아지는 듯한 시간이었다. 나는 그 외로움을 이기기 위해 「코고무신」「엽서」라는 두 편의 시조를 썼다. 따로 공부하지 않아도 시조는 내 핏속을 돌아다니던 형식의 시였다. 이 시조가 학보에 발표된 뒤 김춘수 선생님의 격찬으로 나는 내 인생의 행로를 바꾸게 되었다. 대학 2학년 때 《월간문학》 당선 통지서를 받았다. 그리고 만촌동 김춘수 선생님 댁, 문리대 연구실을 끊임없이 드나들었다. 결혼식 땐 주례로 모시기도 했다. 이렇게 김춘수 선생님과 개인적인 인연을 맺게 되었다.

2

선생님은 말수가 적은 분이셨다. 말씀도 한 음절 한 음절 띄엄띄엄 이어가셨다. 그리고 내방객을 두고도 많은 말씀을 안 하시기 때문에 잘 모르는 분은 처음에 당황하게 된다. 그렇다고 속 깊은 정이 없으신 분은 아니다. 《한국문학》, 《현대시학》에 내 작품이 발표되면 꼭 읽었다는 얘기를 해 주셨다. 문학개론 시간에도 그 말솜씨는 같았다. 분필을 쥔 손은 약간 떨렸지만 눈동자는 빛났다.

그리고 일식日食을 좋아하셨고 옷을 잘 입으셨다. 장티푸스를 앓고 난 뒤부터 쓰신다는 모자나 아끼시던 고급 잠바는 선생님이 얼마나 유미주의자인가를 잘 보여주는 일면이다. 또한 그림도 좋아하셨다. 좋아한 정도가 아니라 전문가일 것이다. 선생님은 식후나 식전이나 한가한 시간 안락의자에서 화집을 즐겨보셨다.

그리고 비정치적인 분이셨다. 그런 분이 5공시절 어떻게 국회의원이 되셨는지 지금 다시 생각해도 불가사의한 일로 여겨진다.

  문학 면에서는 내가 따로 쓸만한 것이 없다. 이미 다 알려져 있는 내용들이니까. 그러나 정리하는 의미에서 다시 얘기하면 이렇다. 우선 우수한 시론가요 산문작가이다. 시론의 경우 치밀하고 논리적이고 연재되는 산문은 지적이면서도 유려하다. 김춘수 시인을 좋아하는 독자들은 난해한 그분의 시를 믿는 것이 아니라 그분의 산문을 읽고 시를 신뢰하는 경우가 많을 것이다. 그리고 선생님은 시적 실험을 극단적으로 몰고 간 시인이다.

  40년대의 암중모색, 50년대의 개안, 60년대 이후의 거듭되는 회의와 반성 그리고 실험이 선생님의 작업 내용 전체이다. 40년대는 그래서 습작기라 할 수 있고 50년대에 와서 나름대로 자신의 시의 길을 발견할 수 있었다. 관념적 색채, 릴케에의 매력, 실존주의 철학에의 경도가 그 때의 키워드들이다. 60년대에 오면서 또 다시 회의와 반성을 거듭하고 새로운 연습을 하게 된다. '시는 관념으로 굳어지기 이전의 어떤 상태'라는 새로운 인식을 다지고 시에서 관념을 빼는 연습을 한다. 그런 경우 사상, 철학을 제거하게 된다. 결국 설명체가 아니고 묘사체가 된다. 이미지는 어떤 것도 비유하지 않는 서술적 이미지를 사용한다. 순수시 혹은 무의미시라고 스스로 칭했던 시다. 「부다페스트에서 소녀의 죽음」이 「처용단장」으로 바뀐 것이다. 그러나 이미지는 어떤 경우에도 관념의 그림자를 드리우고 있다는 생각이 들자 이미지마저 빼버리고 리듬만 있는 주문 같은 시를 추구했다.

그러나 마산 출신의 아내 명 여사님과 사별한 후 아내에의 연모의 정이 스며 있는 88편을 모아 19번째 낸 『거울속의 천사』는 그런 실험의 경계를 풀고 훨씬 평이한 휴머니즘적 세계를 펼쳐 보인다.

선생님은 전 생애가 하나의 문학적 실험이었는지도 모른다. 법대를 가기 위해 일본에 유학 가서 릴케의 시집을 만나고 예술대 문예창작과에 진학했던 것, 민중문학계열에서 역사의식이 없다고, 현실의식이 없다고 비난할 때도 역사에 대한 냉소를 금치 않았던 것, 만년까지 세계에의 안주보다 새로운 세계를 열망했던 것 등이 그런 확신을 가능케 한다.

우리 문학사에 다시 이런 거목을 볼 수 있을까? 마산 문협을 처음 이끄셨던 김춘수 문학에 대한 우리의 확신과 긍지는 바로 마산 문협의 긍지이다. 선생님의 명복을 빈다.

(2004)

수능이 스쳐간 자리

올해도 어김없이 몸과 마음을 조이는 수능의 한파가 지나갔다. 수험생들에게는 끝나지 않을 것 같던 긴장과 고통의 긴긴 여정이 대단원의 막을 내렸다. 3년이라는 세월동안 오로지 앞만 보며 한 길로 걸어온 수험생들이 정말 대견하고 자랑스럽다. 그 많은 시간들을 하고 싶은 것 제대로 하지 못하고 자고 싶은 잠 제대로 자지 못하고 준비한 것들을 단 하루에 평가받는다는 사실이 허탈하기도 하겠지만 수능을 치른 수험생들은 당장은 해방되었다는 후련함이 더할 것이다. 결과는 뒤로 미루더라도 수능시험을 치른 모든 수험생들은 격려를 받아야 한다. 그들은 봄 아지랑이의 나른함을 이기고 한 여름 불볕더위로 엉덩이에 땀띠가 나고 마당에 곱게 드리운 가을 산자락의 운치를 애써 외면하였다. 누가 잘 치렀고 누가 잘못 치렀는지, 누가 일등이고 누가 꼴찌인지, 그런 것은 이미 중요하지 않다. 결과도 중요하겠지만 그 결과를 위해 흘린 과정 속의 땀방울은 그 무엇과도 바꿀 수 없는 숭고한 결정체이다. 결승점을 향해 전력 질주한 모두가 다 수고 했고 박수를 받아 마땅하다.

긍정적이든 부정적이든 우리나라에서의 수능시험은 군복무와 함께 우리 아이들이 어른이 되기 위해 겪어야 하는 가장 혹독한 통과의례이다. 또한 인생을 살면서 치러야 하는 여러 가지 시험들 중에 가장 중요한 시험 중의 하나이다. 이 수능시험의 결과에 따라 수많은 사람들이 울고 웃는다. 실제로 수능시험의 결과가 앞으로의 진로 결정과 삶의 방향설정에 적지 않은 영향을 주는 것은 사실이다.

원하는 결과를 얻게 되는 학생도 있을 것이고 그렇지 못할 학생도 있을 것이다. 시험 성적에 따라 인생의 등급이 매겨진다는 착각에 빠질 수도 있다. 그 결과로 인하여 자칫 인생을 비관하는 이들도 적지 않다. 인생은 무수한 시험과 도전의 역사이다. 수능은 끝났지만 시험 결과에 따라 대학과 학과를 선택하고 논술시험, 면접 등을 준비해야 하는 등 제2, 제3의 고비가 아직도 남아 있다. 염려되는 것은 시험 성적을 비관하여 또는 긴장의 연속에서 풀려나 심리적 갈등, 정서적 불안으로 극단적인 선택을 하거나 자포자기하는 경우이다. 해마다 그런 사례들이 언론을 통하여 보도되고 있다. 학교와 교육당국은 상담활동 강화, 예비대학생을 위한 강좌 개설, 체계적이고 조직적인 각종 프로그램 개발 등을 통해 이러한 상황이 일어나지 않도록 예방해야 한다.

어느 인터넷사이트에서 수험생들에게 설문조사를 통하여 수능을 끝내고 하고 싶은 것을 순위로 매겨보니 갈 수 있는 대학 찾아보기, 나이 속이고 술집가기, 마음 편히 주말 보내기, 나이트클럽가기, 성인영화 관람하기 등의 순이었다. 그만큼 청소년들이 수능시험을 준비하며 억눌려있던 마음을 표출하고 싶은 욕구의 표현이라 할 수 있겠다.

이제 고3 학생들에게 그 동안 하지 못했던 것들을 하나씩 하나씩 해보게 하자. 은행잎이 노랗게 지고 있는 11월의 거리도 걸어보고 멀리 상가의 불빛과 바쁘게 지나쳤던 거리의 사람들도 눈 여겨 보게 하자. 서점에도 들러보고 영화관도 기웃거려 보고 가벼운 여행이라도 떠나도록 권유해보자. 체력단련을 위하여 한 가지씩 운동을 시작하게 하는 것도 좋은 방법이다.

인생은 단거리 경주가 아니다. 인생은 마라톤과 같은 것이다. 지금부터가 더욱 중요하다. 미래는 참으로 빨리 변화하고 있다. 이전의 중요했던 산업들은 오늘날에는 공룡처럼 도태되어 하루가 멀다 하고 사라지고 있다. 어떤 분야가 대학을 졸업하고 난 뒤에 중요하게 자리 잡을지 참으로 알 수 없는 현실이다. 따라서 진로를 선택함에 있어 부모들은 자녀의 재능과 관심 분야를 먼저 생각하도록 해야 한다. 적성, 소질과 관계없이 소위 인기학과를 욕심으로 몰아 부치는 몰지각한 부모 탓에 인생을 허비하는 사람들이 주위에 얼마나 많은가. 인생도 학문도 직업도 자신의 개성과 재능, 관심이 맞아졌을 때 더욱 빛을 발하기 마련이다.

잠시 머리를 식히고 난 후 잠에서 깨어난 아이처럼 훌훌 털어버리고 미래를 바라보게 하자. 입시 공부 때문에 가까이 하지 못했던 교양서적, 문학서적을 손에 들고 독서 삼매경에 빠져도 보고 어학 공부도 보충하게 하자.

"현관을 깨끗이 해놓지 않으면 행운은 그 현관에 신을 벗지 않는다."는 말은 그래서 어느 때 어느 곳에서나 중요하다.

(2008)

경남문학관 새로 지어야

경남은 많은 우수한 문인을 배출해온 지역이다. 얼른 예를 들어보아도 시단의 이은상, 유치환, 김상옥, 김춘수, 천상병, 이형기, 박재삼, 서벌, 박재두 등이 있고 소설가로 박경리, 이병주, 김정한, 이주홍, 아동문학가로 이원수, 최계락, 비평가로 권환, 조연현, 극작가로 유치진이 있다. 물론, 자세히 살피면 그 경중 면에서의 순서나 미처 거론 못한 분 등 정확성에는 문제가 있지만 대충 훑어봐도 이 정도이다. 이 분들의 업적을 모두 기술하면 활동범위가 방대해서 한국문학사가 될 만하다. 물론 이분들 중엔 경남이 본적일 뿐 타지에서 활동한 분도 있고 그 어려운 시대에 지역을 지키며 문화의 등불 역할을 한 분도 있어서 향토문학 발전 차원에서는 평가가 다를 수 있지만 경남의 긍지를 높이는데 이만한 자산이 없다는 점에서는 이론의 여지가 없으리라 생각한다. 문향 경남은 어제 오늘 갑자기 이루어진 것이 아니다. 현역 문인으로도 비평가 김윤식, 시인 문덕수, 소설가 김원일 등 자타가 공인하는 한국문학의 대가 혹은 중진이 곳곳에서 눈부신 활동을 하고 있다.

이러한 전통의 계승과 자료의 집적 그리고 활발한 창작, 연구 활동을 돕기 위해 경남도는 경남문인협회의 건의를 받아들여 경남문학관을 지었다. 이 건물의 건립에는 경남문인의 정성어린 모금, 진해시의 부지 제공 등이 크게 기여했다. 경남문학관은 전국에서 처음 건립된 문학관이다. 그동안 한국 문화예술위원회가 가장 신뢰하는 활발한 소통과 격조 있는 문학 활동의 장으로서의 전국적 명성을 얻었음은 물론이거니와 빈약한 운영기금으로 희귀자료를 확보할 수 있었던 것도 대단한 성과이다. 뒤늦게 각 지역에서 문학관을 짓기 위해 빈번한 자료요청과 왕래가 끊이지 않고 있다.

그런데 문제는 앞서 거론한 최초의 도립문학관으로서의 긍지 유지와 그에 걸맞은 활동을 이어가기에는 너무 현실적 여건이 열악해졌다는 사실이다. 예산타령이 아니라 당장 건물이 문제이다. 현재 1, 2층 좁은 건물로는 업무 자체를 할 수가 없다. 문학관을 신축해서 현 문학관을 순수자료보관소 혹은 경남문학 도서관으로 만들고 새 건물은 전시회 및 행사장소로 활용해야 원활해질 수 있다. 경남문학관의 장소타령은 물론 어제 오늘의 일이 아니지만 문인 수의 증가, 행사 증가, 관람객 증가, 교육활동 프로그램의 성공적인 정착이 가져온 결과이다.

  문인 수는 해마다 증가하고 있고 작고作故 문인들의 귀중한 자료를 문학관에서 영구 보관해서 후배문인들에게 도움을 주고자 의사를 전해오는 경우가 허다하지만 현재로선 특별한 희귀자료가 아니면 받아들일 수 없는 실정에 놓여있다. 아울러 문학관의 여러 자료들을 잘 분류해서 열람할 수 있어야 자료 보관의 의미가 있다. 현재 서고는 전무한 상태이다. 행사 면에서도 그렇다. 접근성에서 불리한 진해에 위치해 있지만 지금은 많이 알려지고 그러다 보니 행사가 점점 기획한 대로 좋은 성과를 거두어 가고 있고 행사 자체가 많아지고 있다. 올해 진행 중인 순수 행사 프로그램만 해도 9개나 된다. 상근 직원 3명이 프로그램을 추진하는 어려움도 어려움이지만 장소가 협소한 관계로 참가자들에게 더 멋진 서비스를 제공할 수 없는 안타까움이 있다. 교육프로그램도 시, 시조, 수필문학 교육이 성공리에 실시되고 있다. 이렇게 여러 사람이 출입하는 곳에는 관장실, 소 동아리실, 세미나실, 대회의실이 필요하고 내부 시설도 첨단 음향, 영상기기까지 활용할 수 있어야 한다.

  미래를 내다보는 경영자라면 이렇게 소중한 자료들을 보관, 활용하고 새로운 작품을 쓰기 위해 몸부림치는 문인들의 창작 거점일 뿐 아니라 우리 도민이 애용하는 문화시설을 무턱대고 무시할 수 없을 것이다. 무용화된 동사무소 건물을 독서실로 바꾸어 놓아 주민들의 환호를 받는 곳을 가끔 보고 미소를 짓는 경우가 있다. 그 정도의 예산규모와 관심만으로도 경남문학관을 일신할 수 있다. 도립미술관처럼 호화로운 건물을 원하는 것도 아니고 일회용, 행사용, 치장용으로 끝나는 폭죽 쏘기 같은 거품 예산을 확보하려는 것도 아니다. 공간이 없어서 못하는 행사는 뒤에 조건이 좋아지면 할 수 있다 치더라도 사라지는 자료들은 뒤에 시설을 갖추어도 때가 늦어지면 구할 수 없다는 사실 때문에 뜻 있는 문인들은 한숨을 쉰다.

  거듭 강조해서 말하지만 신축이든 증축이든 경남문학관은 더 많은 공간이 필요하다. 새로 지어야 한다.

(2009)

지루한 의식儀式 개선해야 한다

 가을이다. 바야흐로 행사의 계절이다. 신종 플루 때문에 대규모 행사는 축소 혹은 취소되고 있지만 다른 계절에 비해서는 행사가 많을 수밖에 없다. 행사에 참여하는 사람들이 흔히 느끼는 것이지만 의식은 아직도 지루하고 답답하다. 좌석배치 문제, 식사, 축사, 혹은 격려사 문제, 시간배정 문제 등이 그런 답답한 분위기와 대체로 관련된다.

 좌석에 대한 한 예를 들어보겠다. 어느 시市의 행사에 있었던 일이다. 앞자리에 각 기관장, 위원들을 배치해 놓았는데 자리가 비어서 문화단체장이 앉게 되었다. 회의가 진행되고 있을 때 늦게 한 의원이 도착했다. 그러자 관계직원이 문화단체장에게 자리를 비켜달라고 요구했다. 그 행사는 문화행사였다. 결국 연로한 그 단체장이 젊은 의원에게 자리를 내줄 수밖에 없었다. 좌석에 분명한 주인의 명패를 부착해 놓았다면 이 경우 크게 실례라고 할 수 없다. 그렇지 않았다면 분명 결례가 아닐 수 없다. 지각한 의원에게 설명해서 다른 자리로 안내하는 것도 지혜로운 방법이 아니었을까 생각된다. 좌석의 순서도 들쑥날쑥이다. 어떤 법규가 있다면 그 법규에 준해서 정하고 아니면 행사의 성격에 맞추어 배치 할 수 있다. 가령 스포츠행사라면 스포츠 관련 단체장을 앞자리에 배치하고 문화예술 행사라면 문화예술 관련 단체장을 앞자리에 배치하는 식으로 말이다. 그런 것도 혼선을 빚을 우려가 있다면 주최 단체장 외엔 그야말로 온 순서대로 배치하는 것이 어떨까 하는 생각이 든다. 또 기관장이 반드시 앞자리에 앉을 특별한 이유가 없다면 시민들이 앉은 좌석의 중간쯤에 배치해서 봉사자로서의 겸손과 화합의 분위기를 만들어보는 것도 좋은 기획이라 생각한다.

좌석과 같은 문제로 떠오르는 것은 사회자의 귀빈 소개이다. 어느 행사에나 "귀빈 몇 분을 소개합니다. 순서는 무순이며 오신 순서대로 말씀드리겠습니다."라고 하면서 실제로는 그 단체가 생각하는 유력인사 순서대로 소개한다. 이런 경우 그러려니 하는 사람들과는 충돌이 없지만 경우에 따라 불만이 표출될 수 있다. 순수하게 참석 순으로 소개하는 관례만 서로 이해하고 익숙해진다면 오해가 없고 민주적인 분위기를 만들

수 있다고 본다.

그 다음은 식사, 축사, 격려사 등에 관한 문제이다. 5, 60대 사람들이라면 초, 중학교 시절 기념사 길게 하는 교장선생님 때문에 진저리친 경험들이 있을 것이다. "애, 또" "더구나" "특히" 등으로 이어지는 끝없는 기념사는 영양실조의 아이들을 운동장에서, 식장에서 쓰러지게 했고 그럴수록 정신무장과 예절을 강조하며 그 연설은 끊어지지 않았다. 민주화가 확실하게 우리 생활의 근간이 되고 있는 작금에 와서 어떤 사람의 성의 있고 재치 있고 의미 있는 연설은 축제와 같은 기쁨을 준다. 그러나 현 실정이 꼭 그렇지만은 않다.

행사장에서 지적할 수 있는 몇 가지를 얘기해 보면 첫째 출연자가 너무 많다는 점이다. 가령 시민의 날 같은 행사에서 연설할 사람이 많다는 건 당연하다. 이런 경우 특별한 몇 사람 외엔 영상메시지를 통해 인사를 하도록 하면 많은 참여자의 욕구도 해소되고 참석한 시민들의 불만도 해소될 수 있을 것이다. 그렇게 중요하지 않은 행사에는 3인 이내로 제한하고 그 행사의 성격에 따라 직접 관련되는 분이 축사나 격려사를 하도록 하는 것이 좋으리라 생각된다. 그날 연설하는 사람의 수에 따라 서로 시간을 절약해서 사용할 수 있는 능력과 재치가 있어야 한다.

둘째는 대체로 연설하는 사람들의 준비가 부족하다는 점이다. 솔직히 얘기해서 어느 행사장에서 연단에 오를 사람이 5명쯤 된다 해도 그들이 각각 다른 개성으로 그 행사에 걸맞고 동시에 시민들에게 용기와 희망을 심어주고 즐거운 연설을 한다면 지루함을 느낄 수가 없다. 링컨의 게티스버그 어드레스나 케네디 대통령 취임연설, 오바마 대통령의 민주당 대통령후보 수락연설처럼 두고두고 듣고 싶은 명연설은 행사장에서 탄생된다.

지루한 기념사, 축사, 격려사를 일별해보면 교양부족, 언어구사력부족, 그리고 명확하지 않은 초점 등을 들 수 있다. 주최 측의 식사는 물론이고 축사, 격려사를 부탁받은 인사는 길게 하건 짧게 하건 그 식의 목적에 맞으면서 동시에 그 식의 목적에 가까운 현실의 문제를 연결시켜 참석자 다수의 공감을 자아낼 수 있는 연설을 해야 한다. 즉석연설에 능하다하더라도 추도식이나 건국기념일, 4·19기념일 등에서는 준비한 연설문을 정중히 읽는 것이 훨씬 행사에 어울린다.

가을이 왔다. 보궐선거의 판이 커지면서 선거구민이 아니라도 내년에 불어 닥칠 선거열풍을 먼저 예감하게 되고 정치지망생들은 유권자를 대하는 태도가 예사롭지 않다. 이럴 때일수록 식장은 말이 많아지고 지루해질 것이다. 바라건대 이 가을의 식장은 깔끔하고 단출하고 선명해져서 참석한 사람들 모두에게 유익하면서 동시에 미소와 희망을 줄 수 있기를….

(2009)

4부

습관이란 참 무섭다고 요즈음 들어 자주 느낀다. 그 습관이 그 집안의 생활패턴으로 정착하여 가풍을 이루고 성공의 비결이 되기도 한다. 전 예일대 교수였던 전혜성 박사는 여섯 남매 모두를 하버드대와 예일대에 보내고 미국 주류사회의 엘리트로 키운 분이다. 그런 성공비결은 자녀와 함께 책을 읽는 습관을 지녔다는 것이라고 한다. 곳곳에 책을 읽을 수 있도록 아이들 방과 거실에 책상 18개를 놓았다고 회고한다. TV시청은 주말에만 가능케 엄격히 제한했고 자녀들은 그 규칙을 한 번도 어기지 않았다고 한다. 그리고 이 습관은 부모 스스로의 독서습관이 정착되지 않으면 실천될 수 없다는 것이다. "거실을 서재로"라는 운동이 전개되고 있지만 바쁘다는 핑계로 한 주에 책1권 보지 않는 사람들에게 이런 계획은 효과를 거두기 어렵다고 생각된다. 내가 이 얘기를 꺼낸 것은 나의 잘못된 독서습관을 고백하기 위한 것이었는데 줄기가 다른 데로 흐른 것 같다. 사실 나는 무식하게도 소설을 잘 읽지 않는다. 소설뿐 아니라 산문을 잘 읽지 않는다. 한약 먹듯이 겨우 손때를 묻혀본 고전이나 필독서 외엔 산문류를 읽지 않고 살아온 잘못된 습관을 가지고 있다.

습관

습관

1

 습관이란 참 무섭다고 요즈음 들어 자주 느낀다. 그 습관이 그 집안의 생활패턴으로 정착하여 가풍을 이루고 성공의 비결이 되기도 한다. 전 예일대 교수였던 전혜성 박사는 여섯 남매 모두를 하버드대와 예일대에 보내고 미국 주류사회의 엘리트로 키운 분이다. 그런 성공비결은 자녀와 함께 책을 읽는 습관을 지녔다는 것이라고 한다.

 곳곳에 책을 읽을 수 있도록 아이들 방과 거실에 책상 18개를 놓았다고 회고한다. TV시청은 주말에만 가능케 엄격히 제한했고 자녀들은 그 규칙을 한 번도 어기지 않았다고 한다. 그리고 이 습관은 부모 스스로의 독서습관이 정착되지 않으면 실천될 수 없다는 것이다. "거실을 서재로"라는 운동이 전개되고 있지만 바쁘다는 평계로 한 주에 책1권 보지 않는 사람들에게 이런 계획은 효과를 거두기 어렵다고 생각된다.

내가 이 얘기를 꺼낸 것은 나의 잘못된 독서습관을 고백하기 위한 것이었는데 줄기가 다른 데로 흐른 것 같다. 사실 나는 무식하게도 소설을 잘 읽지 않는다. 소설뿐 아니라 산문을 잘 읽지 않는다. 한약 먹듯이 겨우 손때를 묻혀본 고전이나 필독서 외엔 산문류를 읽지 않고 살아온 잘못된 습관을 가지고 있다. 일주일에 적지 않는 분량의 시집과 평론집을 읽어내는 열정에 비하면 그 습관은 반드시 고쳐져야 할 것이지만 이미 고착화된 나만의 독서패턴이다.

그런데 오랜만에 김인배 사백의 「물목」을 읽었다. 많이 감동했다. 풍부한 토속어, 아름다운 문체, 그리고 명형대 교수의 분석처럼 시간과 공간, 은유와 환유가 직조된 텍스트의 이중구조 등에서 소설미학의 묘미를 한껏 보여주는 작품이라고 생각했다. 물론 이 작품이 80년대에 발표된 것이고 특히 권영민 교수의 적극적 지지를 받았을 뿐 아니라 동명으로 영화화된 어떻게 보면 소설가 김인배를 가장 확실하게 알린 작품이란 것을 익히 알고 있었지만 정색을 하고 읽어 보기는 이번이 처음이다.

그녀는 머리를 풀어 은비녀는 베갯머리 방바닥에 내려놓는다.

그리곤 말없이 한숨지으며 고개를 떨어뜨렸다. 자신의 마음과 삶의 방향까지 바꿔놓은 잃어버린 비녀를 생각할 적마다 그녀는 짓눌린 잡초 덤불 위에서 맡았던, 상한 조개 같이 시큼하고 풋풋한 그 풀밭 냄새를 맡는 기분이다. 손바닥으로 두 귀를 막는다 해도, 풀섶에서 요란스럽던 그날 밤의 발정한 땅벌레 소리가 시간을 뚫고 울려 와, 그녀의 뇌수를 저릿저릿하게 만들고 있다.

― 김인배,「물목」부분

  치밀하고 아름다운 그의 문체는 에로스의 공간을 빚어낼 때도 이처럼 격조를 잃지 않는 문장으로 그려진다. 산문작가가 희귀한 경남문단에 그의 창작활동이 더 왕성해져서 많은 소설 지망생들에게 자극을 줄 수 있길 기대해 본다.
  이 계절 경남문학의 주목 시인으로 송창우 씨가 선정되어 많은 중요한 작품을 선보이고 있다.

    그대 떠나는 길에
    우리 집 앞마당에
    마고자 단추 흘리고 가셨네요
    낮에는 햇살 먹고 싹이 트더니
    밤에는 머리맡에 꽃으로 핍니다

    어머니 저 죽거든

앞산 뒷산 다 버리고
앞마당에 묻어주세요
선홍 꽃이 피거든
나 살았다 여기시며.

— 송창우, 「동백 넷」 부분

오랜 옛부터
돌무더기 연도 남자들
죽으면 솔섬에 묻힌다
아낙들은 새끼로 허리 질끈
흰 옷을 입고

연도 남자들은 죽어 꼭 한 번
아내의 노질에 바다를 건넌다
한평생 일렁이던 바다는
한 바리 밥 청주 한 잔에
선창 아래 잔다
솔섬에 가면
빗돌도 없는 무덤가
갈매기가 알을 굴리고
돌아온 아내들은
굿당산에 올라 솔섬을 본다

— 송창우, 「솔섬」

  화려한 수사가 없다. 화장기 없는 얼굴 같다. 그러나 내면 깊숙이 저며 있는 운명, 가난, 향토애, 생사를 넘나드는 생명의 통로를 줄기줄기 매달고 있는 시구들이다. 현대가 어떻고 실험이 어떻고 하는 현학적 분석에 앞서서 시는 울림이라고 한다면 나는 송창우의 이 아름다운 언어예술을 홍보하는 전도사가 되고 싶다.

2

  곧 경남문학 신인상이 마감되면 심사가 이루어질 것이고 하계세미나가 계획되어 있다. 올해는 바닷가를 염두에 두고 있다. 늘 불참하는 것도 습관이 될 수 있다. 회원 여러분의 고독이 우정에 의해 해소될 수 있는 이 행사에 적극적인 참여 부탁드리며 건강 건필을 기원한다.

(2007)

시 읽는 사회를 고대하며

1

 언어가 타락해가고 있다. 그냥 걱정할 정도가 아니다. 품위 있는 언어생활을 선도해야 할 지도층까지 시정잡배와 진배없는 언어를 구사한다는 느낌을 받곤 하니 말이다. 인기 있는 우리 영화에 욕설은 약방의 감초처럼 등장해서 분위기를 잡는다. 인터넷에 달려있는 댓글들은 악성일수록 저주와 욕설로 쓰이고 맞춤법 안 지키기는 선플, 악플 구분이 없다. 어쩌다 등·하교하는 학생들 곁에서 그들의 대화를 엿듣고 있으면 가관이다. 욕 경연대회 참가할 학생이 연습하고 있는 것 같다.
 왜 이렇게 되었을까? 왜 언어생활이 이토록 타락했을까? 민주화가 되고 사회가 열릴수록 소통의 수단인 언어는 더 많이 사용하게 된다. 그런데 언어를 많이 쓸수록 언어의 소중함을 느끼고 언어에 대해 감사하게 될 텐데….

세상살이가 힘들어서 그렇다고 생각할 수도 있고 벗기고 찢고 두드리는 문화가 더 미학적이고 매력 있는 것이라고 생각하는 사람들이 늘어서 그렇다고 생각할 수도 있다. 또 언어교육이 미학적인 측면보다는 전달에 포인트를 맞추고 논리에 포인트를 맞추면서 거추장스런 수사들을 신경 쓰지 않아서일 수도 있다. 이유야 한두 가지가 아닐 것이고 또 그 원인은 복합적일 수밖에 없다.

이제 우리가 자각해야 할 것은 이 현상을 이대로 방치해서는 안된다는 것이다. 그렇다면 이런 현상을 막을 묘안이 있겠는가, 나는 순진하게도 시를 읽는 분위기를 만드는 것이 그 대안이라고 생각한다.

2

여기 저기 단풍이 들고 삽상한 가을 분위기가 밀려 오면 옛날 학생들은 책을 읽고 편지를 썼다. 시집 몇 권, 소설집 몇 권을 읽지 않은 사람은 동성이나 이성의 친구에게 편지를 쓸 때 인용할 문구가 없게 마련이고 또 상대에게 멋스럽게 보일 방법으로 독서의 수준을 은연중에 드러내는 것이 최상이었다. 그래서 때때로 밤새도록 자신의 감정을 대변해 줄 시 한편을 찾아 헤매기도 했던 추억이 우리 세대에겐 있다. 그런 추억들은 최현배 선생의 『말본』과 더불어 모국어에 대한 애틋한 사랑의 흔적으로 한글날 전후가 되면 늘 떠오르는 메뉴이다.

시는 언어의 첨예한 성감대이다. 시를 읽어서 고려나 조선 시대처럼 입신출세에 도움이 되는 것은 아니지만 효용의 측면에서도 가치가 없는 것은 아니다. 공자가 논어에서 제자에게 시 배우기를 권하며 "시는 의지를 흥기시키고 시정을 관찰할 수 있게 하며 사람들과 어울리게 하며, 화를 내지 않고도 원망할 수 있게 하며, 가까이는 어버이를 섬길 수 있게 하며, 멀리는 임금을 섬길 수 있게 하고, 새와 짐승, 풀과 나무의 이름을 많이 알 수 있게 한다."하고 설파한 바 있고 여러 학자나 문인들도 다른 방법으로 시의 효용성을 얘기해 왔다. 분명한 것은 시가 빵이 되고 쌀이 되지는 않지만 우리 생활을 아름답게 할 수 있는 독특한 향기를 지닌 언어예술임은 부정할 수 없다. 그런 시의 모음집인 시집을 읽는 것은 언어가 순화되고 우리 일상생활이 훨씬 승화되리라는 기대 때문이다.

  달밤에 할 일이 없으면
  메밀꽃을 보러 간다
  섬돌가 귀뚜라미들이
  낡은 고서를 꺼내 되읽기 시작할 무렵
  달밤에 할 일이 없으면

나는 곧잘 마을 앞 메밀밭의

메밀꽃을 보러 간다

병든 수숫대의 가슴을 메우는

그 수북한 메밀꽃 물결

때로는 거기 누워서

울고도 싶은 마음

아, 때로는 또 그 속에 목을 처박고

허우적거리고 싶은 마음

— 박성룡, 「메밀꽃」

인용한 작품은 박성룡 시인의 「메밀꽃」이다. 이제 이런 꽃도 아이들 데리고 일부러 시골에 가지 않으면 보기 어려운 꽃이 되었지만 외롭고 상처 많은 현대인에게 한번쯤은 울컥하던 서러움까지 잘 담아낸 시로 읽혀진다.

귀뚜라미 소리가 들리는데도 매미소리가 그치지 않는다. 아마도 지구의 온난화 현상 때문이 아닌가 생각된다. 번쩍이는 도시의 야경, 흥미로운 스포츠와 TV의 여러 연예 프로그램, 연속방송극들 그 번잡함 속에서 잠시 마음의 섬에 혼자 앉아서 시집을 읽게 된다면 어느 시인의 시일지라도 세상의 허상과 우리가 보고 스쳐온 사물의 내면을 새로운 눈으로 바라보게 하는 감동을 줄 것이다. 아울러 토씨 하나에도 느낌이 다른 말의 비밀을 조금씩 맛볼 수 있을 것이다.

시를 읽자. 시을 읽는 국민, 시를 읽는 시장, 시를 읽는 국회의원, 시를 읽는 스포츠맨을 보고 싶다. 어느 토론장에서도 그래서 훨씬 격이 높은 언어로 자신의 의견을 피력하고 상대의 의견을 이해하고 공감하려 애써서 말의 성찬장이 되고 진실한 마음의 교류가 이루어지길 고대한다.

(2009)

남해 유배문학관 건립에 부쳐

　남해군은 남해읍 남변리 일원에서 유배문학의 체계적인 연구와 인프라 구축을 위해 지난 5월 13일 남해 유배문학관 건립공사 기공식을 가졌다.

　「화전별곡」의 김구, 「구운몽」의 김만중, 「금산 망운산시」의 남구만, 「남해 견문록」의 유의양 등 현재까지 밝혀진 유배문인만 해도 188명이나 된다고 한다. 이러한 자원을 바탕으로 해서 건립되는 문학관을 단순히 전시만을 하는 곳이 아니라 유배문학의 역사적 문학사적 의미를 재조명하는 성지로 가꾸어 나가겠다는 관계기관의 의지와 청사진이 공개되었다. 참으로 적절한 착상이 아닐 수 없다.

　유배객들의 면면을 살피면서 시대에 대처할 수 있는 삶의 자세나 피를 토하듯 온몸을 소진하며 기록해간 절절한 작품과 환경을 되새기는 일은 읽고 체험하고 관람하는 모든 이에게 문학의 교과서, 역사의 교과서, 윤리의 교과서가 될 것이 확연하기 때문이다. 지금은 여러 시설로 인해 아름다운 관광지가 되었지만 열악한 환경 속에서 파도를 바라보며 생을 관조하거나 억울함에 몸부림치는 섬이었을 남해의 경우 이 이상 의미있는 테마 문학관은 상상할 수조차 없다.

흔히 잘못된 지역여론의 힘으로 문학사적으로 특별한 의미가 없는 문인을 거액을 들여 기리거나 타 지역과 변별성 없는 축제를 반복할 개연성을 염두에 두고 생각해 본다면 더욱 그러하다. 이런 기분 좋은 뉴스와 관련해서 우리 경남도내에서라도 시·군 간의 개성을 잘 살려낼 수 있는 문학관 건립이나 문화행사 추진을 위한 심의 협의체 같은 기구가 있었으면 좋겠다는 생각이 든다. 곳곳에서 국제 영화제를 하고 서예 비엔날레를 하고 연극제를 하고 문학제를 한다고 문화가 발전하는 것은 아니다. 어떤 개성으로 살아있는 축제, 살아있는 문화행사를 할 것이냐에 초점을 맞추지 않는다면 그 행사가 지속적으로 열리기 어려울 것이다.

문학관의 경우 테마 문학관은 그런 의미에서 대단히 매력적이다. 그러나 관련 시끼리 이해와 협조 없이 진행되는 경우 분쟁이 일어날 소지도 있고 또 중복투자로 인해 경쟁력이 없어질 수도 있다.

경우에 따라서 2개 이상의 군이 같은 테마로 문학관을 짓더라도 군마다 각각 다른 자료를 모아 연구자나 관광객을 유치할 수 있을 것이다. 시 장르에서 한국문학사의 별들이 탄생된 지역에선 시문학관을, 남북 상잔의 흔적이 뼈아프게 남아있는 지역에선 통일문학관을, 또는 바다와 인접한 지역에선 해양문학관을 지어서 지역의 문인을 포함해서 여러 자료를 수집하되 특히 정해진 테마의 자료는 한국은 물론 해외자료까지 망라해서 갖추어 가면 그 분야 연구자들, 문인들, 관광객들이 몰려들지 않을까 하는 생각이 든다.

지역의 여러 환경과 현대인의 기호와 문화적 의미를 잘 결합해서 성공을 거둘 수 있는 축제나 문학관은 얼마든지 열고 지어야 한다. 그러나 어느 장르에 편중 되어 다양성을 잃는 경우, 개성을 갖지 못하는 경우와 지나치게 개인 위주의 문학축제나 문학관 설립이 난립될 경우 적지 않은 문제가 발생할 수 있다.

앞으로 기려야 할 많은 문인들이 있고 그 문인의 수는 세세연년 늘어나는데 계속해서 개인 문학관을 지을 수 있을 것인지를 미리 검증해야 한다. 전국적으로 보면 상화문학제(대구), 영랑문학제(전남강진), 김유정문학관(강원춘천)이 있고 이효석문학관(강원), 혼불문학관(전북), 백수문학관(경북), 구상문학관(경북), 동리목월문학관(경북), 박경리문학관(강원), 박화성문학관(전남) 등이 있다.

경남의 경우 하동에 토지문학제, 나림 이병주국제문학제가 있고 통영에 청마문학관, 김춘수문학관이 있고 진해에 김달진문학관과 김달진문학제가 있고 사천에 박재삼문학관과 박재삼문학제가 있다. 공감을 하는 애호가가 많아야 이러한 축제나 문학관이 열리고 설 수 있겠지만 지나치게 특정 장르에 편중된 느낌이 들고 자원봉사자의 도움이 없다면 점점 재정적으로도 부담이 되리라는 사실은 명약관화하다. 거기다가 문학상까지 시상하게 된다면 그 부담은 더 커질 것이다.

어렵지 않게 예상되는 여러 문제들을 목전에 두고 유배문학관을 떠올려보면 저절로 미소가 지어진다. 유배지 남해에서 생명을 다했거나 다시 상륙을 했거나 간에 하루하루 적막하고 황폐한 수인의 삶을 살아야 했던 유배객들의 글들은 생을 관통하는 비정한 자기 고백이거나 생을 초월한 달관의 목소리이거나 간에 세상의 값싼 수사와는 다른 진정성이 담겨 있으리라 생각하니 품격 있는 건물에 잘 소장된 자료들을 하루빨리 보고 싶은 마음 간절하다.

(2009)

자살 예방교육 반드시 필요하다

　유명 탤런트들의 잇따른 죽음이 충격과 화제를 던져주고 있다. 물론 그 충격과 화제는 근본적으로 삶의 의미를 캐는 철학적이라기보다는 사소한 세속적 의문에 더 초점이 맞춰져 있다. 또 소위 베르테르 효과라고 이름 붙일만한 모방 자살건도 눈에 띈다. 차제에 지난 226회 경남도교육위원회 임시회에서 조재규 위원의 '학생 자살 대책' 질의는 의미 깊은 정책 질문이었다.

　잘 살기 위해 남보다 앞서기 위해 온 나라가 숨가빠하던 사이에 이런 커다란 우리 사회의 음지를 발견하게 된 것이다. 최근 10년간 자살 증가율로 보면 OECD 가입국 중 우리나라가 1위이다. 자살은 한국인의 사망원인 순위 상으로 암, 뇌혈관질환 그리고 심장질환 다음이다. 그럼에도 불구하고 자살에 대한 국민적 예방운동은 경미한 형편이다. 이렇게 자살이 증가한 원인은 산업화, 도시화, 핵가족화, 가족해체, 노령화, 국민 정신건강에 대한 관심 소홀 등을 들 수 있다. 이 커다란 원인들이 자살을 자극할 만한 견디기 어려운 현실의 여러 상황을 연출해 낸다.

그런데 청소년의 자살은 가령 실업이나 빈곤 등과 같은 전형화된 중·장년층의 자살과 달리 사소하고 일시적인 문제에도 충동적으로 자살을 생각하거나 시도할 위험이 높다. 따라서 생애의 성장단계에 따른 적절한 교육이 필요하고 특히 아직도 스스로의 인생관이 확립되지 않은 청소년들을 위한 자살예방교육을 반드시 실시해야한다. 이미 여러 교과를 통해 이 교육이 이루어진다고 얘기할 수 있겠지만 지나치게 포커스가 희미해지면 교육효과도 미미해질 가능성이 많다.

청소년들을 가르칠 자살 예방교육 내용으로 어떤 항목이 들어가야 할까? 물론 많은 청소년들과 그 관련 전문가들이 함께 토론하고 협의해서 내용물을 생산해내야 할 것이다. 그러나 필자의 생각을 얘기한다면 먼저 자살충동 중요 원인들을 추출해내고 그 원인을 하나하나 세밀하게 분석해서 대책을 세워야 할 것이다. 그런 것을 검토하다보면 생활전반이 될 가능성이 많다. 가령 성적 때문에, 가정불화 때문에, 이성문제 때문에, 학교폭력 때문에 자살충동을 느끼고 실제로 자살하려고 고민하거나 실행에 옮겨 본 적이 있다고 하자. 그 대책은 어떻게 세울 수 있을까?

물론 전 분야에서 학생들의 고민을 해결하기 위해 노력해야 한다. 계발활동, 상담활동의 강화, 담임교사, 학부모의 자녀 행동 관찰 강화, 스트레스 해소를 위한 프로그램 개발 등을 통해 그 고민의 해결을 위한 대처 방법이 마련돼야 한다. 지나친 경쟁으로 낙후된 학생, 혹은 낙후될까 불안에 떠는 학생을 양산시키지 않아야 한다. 그러나 우리 인생에 경쟁이란 상호 공존과 함께 늘 상존하지 않는가. 이것이 이율배반적이고 딜레마이다. 함께 살자 하지만 외나무다리는 곳곳에 설치되어 있으니 말이다. 그래서 근원적인 교육으로 생사의 가치를 뚜렷이 인식할 수 있는 철학교육과 인생의 아름다움을 발견하고 향유할 수 있는 예술교육이 활성화되어야 한다고 생각한다.

단기적으로 볼 때는 자살유해 환경 감시 사업의 추진이 중요하고 그래서 자살사이트나 자살을 유혹하는 여러 유사단체의 결성을 막는 일을 해야 한다. 또 자살징후가 있는 학생을 먼저 찾아내어 그가 자살을 선택할 만큼 처절하게 고민하고 있는 문제들에 대해 상담하는 기관이나 사람이 필요하고 아동이나 청소년의 정신건강을 진단하는 체계적인 프로그램을 만들어 활용해야 한다. 그러나 이러한 해결방안은 궁극적인 것이 아니다. 죽음과 삶에 대한 자기 철학이 긍정적으로 정립되어 있지 않다면 자살의 바이러스는 언제나 우리 곁에 있기 때문이다.

> 광막한 광야를 달리는 인생아
> 너에 가는 곳 그 어데이냐
> 쓸쓸한 세상 험악한 고해에
> 너는 무엇을 찾으려 하느냐

1926년 애인 김우진과 함께 현해탄에 투신자살한 윤심덕의 「사의 찬미」 가사 일부이다. 세기말 식민지 지식인의 암울함과 자유연애사상 그리고 사회적 윤리 속에서 자신의 보호막을 찾지 못했던 한 성악가의 이 노래는 그의 사후 많은 반향을 불러일으켰다. 그런데 최근 자살자의 유서들도 대체로 이 가사와 같다는 것은 긍정적 인생관의 부재를 다시 명확히 보여준다는 점에 환기할 필요가 있는 대목이다.

가치 있는 삶, 의미 있는 죽음, 아름다운 죽음, 세상의 아름다움에 대한 발견의 눈을 철학의 깊이로 내장해 두지 못한 사람들에게 거칠게 다가오는 세파들은 늘 쉽게 자살을 권유한다. 유약한 인간일수록 더욱 그렇다. 한국 청소년 상담원에서 청소년 자살 예방 및 상담시범운영교육을 시도하는 것은 그런 점에서 의미가 있다. 이제 자살 예방교육은 어느 한 단체나 기관이 아니라 정부, 교육계, 종교계, 시민단체 등 모두가 함께 손잡고 추진해 나가야 한다. (2008)

사회의 그늘을 걱정하며

1

11월 중순이다. 2009년도 달력 1장을 더 넘기면 끝나는 셈이다. 경제적 어려움, 사회 갈등, 그리고 점점 우리 몰래 자라고 있는 어둠의 넓이가 예사롭지 않다. 새터민, 결혼 이민자, 실직자, 그리고 불우한 노약자들, 입시 낙방생들의 어려움 때문이다.

숫자가 적을 땐 나라에서 적극 지원이 가능했던 새터민, 그런 후원에도 정착이 만만치 않았을 텐데 지금은 우선 대상이 너무 많아져서 나라에서 옛날처럼 지원하기 어려울 것이 뻔하고 오늘같이 숨 막히는 경쟁체제에 적응하긴 여간 어렵지가 않을 것이다. 또 결혼이민자의 경우도 그렇다. 2006년 통계를 보면 농촌결혼의 40%가 국제결혼이다.

순혈주의 국가인 우리나라가 얼마나 다민족 다문화의 열린 사회로 가고 있는가를 증명해주는 숫자이다. 언어가 다르고 풍속이 다른데다가 경제적으로 어려운 집이 대부분이다. 따라서 다시 집을 나가거나 이혼을 하거나 사회적으로 따돌림을 당하거나 2세들의 학교생활 때문에 고통을 당하는 일이 적지 않을 것이다.

실직자에 대해서도 그렇다. 창원공단의 어느 회사는 40% 구조조정을 하겠다고 나섰다. 노동계는 저항하고 있다. 이렇게 엄청난 숫자의 감원을 하기 전에 다양한 자구책부터 먼저 써보아야 하는데 그런 노력 없이 감축을 들고 나왔다고 노동계는 얘기한다. 사정을 정확히 모르니 왈가왈부할 순 없지만 실직은 곧 그 가정의 몰락을 의미한다. 경제적 기반 없이 거리를 헤매는 사람이 많아진다면 불안한 사회가 될 수밖에 없다. 우후죽순처럼 들어서는 음식점을 보면서 아마도 실직자의 아내들이 마지막 몸부림으로 시작해보는 사업은 아닐까 하는 생각이 먼저 들곤 한다.

불우한 노약자들도 그렇다. 특히 수명이 길어지면서 노인인구는 늘어만 가고 우리가 자랑했던 효의 가치관은 엷어져만 간다. 능력 있는 자녀들도 부모에 대한 공경심이 없어 외로운 노년을 보내는 사람들이 많고 자녀가 없는 노인들도 많다.

그리고 곧 수능을 치고 각 대학의 입시규정에 따라 대학별

입학시험을 치루고 나면 낙방생은 있기 마련이다. 한두 번 낙방의 고배를 마셨다고 영원히 패배자가 되는 것은 아니다. 그러나 그 고통을 그 나이에 감당하기엔 너무 크다. 집이 없는 사람, 가족이 없어서 외로운 사람, 또 건강을 잃어서 괴로운 사람…. 어느 나라, 어느 곳에서나 이런 음지의 사람들이 있게 마련이지만 그 숫자가 지나치게 많아지면 그 사회 전체가 기우뚱하게 된다. 그런 지경에 이르지 않도록 해야 한다.

2

그늘을 만들어내는 요인은 여러 가지이다. 앞에서 몇 가지를 짚었지만 사회가 복잡해질수록 그 요인도 늘어간다. 국가도 그냥 있지는 않는다. 나름대로 노력을 한다. 부가 편재되지 않도록 균형발전을 실현하는 것도, 사회보장 기본법, 사회복지 사업법, 사회보험 관련법, 의료보험법, 아동복지법, 노인복지법, 장애인 복지법을 만드는 것도 복지제도의 기본을 구축하려는 끈질긴 노력의 결실이다.

그러나 각종 급여제도나 서비스 내용이 부실한 것 또한 사실이다. 행정 하는 사람의 마인드가 바뀌어야하고 예측되는 여러 문제를 사전에 방어할 수 있는 시스템을 갖추어야 하고 복지예산 확보에 신경을 써야 한다. 그러나 내가 이런 자리에서 그늘을 얘기하는 것은 단순히 관계기관에게 의미 있는 주의를 촉구코자 하는 것이 아니라 우리 스스로 어려운 사람, 약한 사람, 괴로운 사람과 소통하자는 다짐을 하기 위해서이다.

날씨는 점점 추워진다. 연말이 되면 불우이웃돕기 모금이 각종 방법으로 여러 단체에서 실시된다. 일회성 행사라도 의미가 없는 것은 아니다. 그러나 바로 우리 모두가 우리 가족 구성원의 아픔을 알고 우리 이웃의 어려움을 알고 대화하여 위로하고 도우려는 적극적인 자세를 가지는 것이 우리 사회의 어둠을 퇴치하는 가장 효과적인 방법 중의 하나라고 생각한다. 국민기초생활을 보장하고 복지 서비스가 강화되고 다문화 사회를 위한 여러 정책이 결실을 거둔다 해도 국민 한 사람 한 사람이 그늘을 가진 사람에게 마음을 주고 손을 잡고 포용하는 자세를 갖지 않으면 쉽게 양지의 면적이 넓어지진 않을 것이다.

개인중심의 가치관은 점점 확산되고 있고 그에 따른 사회병리현상이 심화될 것으로 예측되지만 그런 때 일수록 향약이나 두레와 같은 미풍양속을 되살리는 운동으로 이 고난을 극복해야 한다. 이러한 자생적 운동이야말로 사람다운 삶을 살고자 하는 우리 스스로를 위한 자구책이요 몸부림이다.

(2009)

꿈, 비전 그리고 희망의 리더십

1

꿈이 없는 청소년이 늘어나고 있다. 그런 사실 조차 대수롭지 않게 바라보는 어른들까지 있다. 심각한 문제이다. 자기가 꿈꾸는 어떤 세계가 없다면 무엇을 위해 학업에 매진할 수 있겠는가.

그런 꿈을 갖게 하는데 기성세대들이 게을렀다고 볼 수 있고 자라나는 아이들이 현실에 크게 불만스럽지 않을 만큼 적응하고 안주해온 것이 아닌가 하는 생각도 든다. 스트레스나 결핍은 새로운 꿈을 갖게 하는 자극을 주기도 하기 때문에 60~70년대 청소년들은 사장이나 부자가 되고 싶다고 소망했고 대통령이 되고 장군이 되고 선생님이 되고 싶어 하는 어떤 역할이나 지위에 대한 막연한 꿈을 가지고 있었다. 학생들에게 꿈을 갖게 하는 지도에서 부모님의 역할, 선생님의 역할이 가장 크다. 그러나 그런 중요한 미래를 위한 지도보다 가깝고도 현실적인 면에 눈을 뺏겨서 사실 그 부분의 교육을 놓치고 있는 것은 아닌가 하는 생각이 든다.

그냥 "열심히 해라"고만 하고 아이들은 꾸역꾸역 공부만 하다가 자신의 희망과 관계없이 입학성적을 보고 그 커트라인에 맞추어 대학에 가는 것은 아닌가 하는 생각이 든다. 대학을 낮춰 선택하더라도 원하는 학과에 가야 자신의 꿈을 이룰 수 있다는 판단은 어려운 것이 아니다. 그런데 이게 쉽지가 않다. 명확한 꿈을 가진 학생 수가 그렇지 않은 학생 수보다 크게 적기 때문에 그렇다. 걱정이 아닐 수 없다.

2

2010년은 선거의 해다. 선거 때만 되면 언제나 인재는 넘쳐난다. 좋은 일이다. 오로지 우수한 인적자원으로 먹고사는 나라가 한국이니 당연하다고도 생각된다. 그런데 왜 이런 인재들이 그렇게 달갑게 다가오지 않을까? 한 사람만 뽑는다는 사실이 애통하다고 느껴질 만큼 출중한 인재들이라면 선거는 가혹하리만큼 스릴 넘치는 기대와 희망에 찬 축제이다. 그러나 왜 그렇게 느끼지 못할까? '누가 되면 어떻니'라고 하는 방관파와 '누가 돼도 안 돼'라는 부정파, '정당만보고 찍으면 속는다' 는 인재 찾기파, '정당을 믿어야지 무얼 믿나' 라는 정당파 '그래도 우리 동네 사람 찍어야지' 하는 지연파가 있다. 그 외에도 학연파, 혈연파도 무시할 수 없다. 공부 많이 하고 똑똑한 한국사람들 그렇게 민주주의 이론에 밝아도 분석하면 선거에는 초등학생 수준이란 얘기가 있다.

왜 그럴까. 나는 비전 있는 지도자가 나타나지 않아서라는 생각을 한다. 그 비전의 실현을 위해 몸부림쳐온 한국의 정치인들이 과거에도 있었고 현재에도 있을 것이다. 그러나 선거판 전체가 다른 이슈에 빠져버려서 비전을 읽을 수 없게 되고 또 대다수 입후보자가 누구든 그 자리에 앉으면 할 수 있다는 바꾸어 말하면 자리 욕심 때문에 출마를 하는 경우가 대부분이라서 그렇다.

3

비전은 언제나 꿈꾸어온 사람만이 가질 수 있는 욕구이다. 어릴 때부터 우리 아이들에게 꿈꾸게 해야 한다. 그렇게 하기 위해서는 그 아이들이 좋아하는 취미나 특기를 발견해주고 지지해 주어야 한다. 그렇게 되었을 때 아이들에게 공부는 그들 낙원을 찾아가는 열쇠가 되고 충분한 동기유발이 되어 지루해지지 않을 것이다. 그리고 그렇게 자란 성인만이 확고한 비전을 가지고 살아갈 수 있을 것이다.

미국 건국의 아버지 워싱턴은 자유와 독립을 쟁취한 다음 초대, 2대 대통령이 되어 나라의 기틀을 다졌지만 3선을 권하는 국민들의 뜨거운 여론에도 미국 민주주의 제도를 방해한다고 끝내 은퇴했고 '모든 것이 남을 위해서였으며 스스로를 위해서는 아무 것도 하지 않았다' 라고 새겨진 묘비명을 남긴 페스탈로치는 50여년 오로지 외롭고 힘든 교육현장을 지켰지만 그가 어릴 때 보고 느낀 자기보다 더 가난하고 불행한 아이들을 돕겠다는 꿈을 지니고 있었기 때문에 그 삶이 가능했을 것이다.

올해 선거는 실현 가능한 비전을 가진 지도자를 뽑자. 알량한 재력으로 유권자를 유혹하는 사람, 오로지 권력욕으로 뭉쳐진 터무니없는 선동가를 축출하자. 정당만 보고 찍지도 말고 지연, 학연, 혈연 때문에 정당한 주권을 어리석게 행사하게 하는 부끄러운 행동은 하지말자. 그리하여 철없는 철새는 물론이고 철없는 텃새도 선거판에서 몰아내자. 우리가 기대하는 지도자는 우리 지역을, 우리 지역의 교육을 어떻게 바꾸어서 좀 더 나은 새로운 세상을 열어보겠다는 청사진을 지닌 사람이고, 그 청사진을 실현해낼 수 있는 사람이고, 오래 꿈꾸어온 세계를 현실로 서서히 바꾸어놓을 수 있는 사람이다. 그 능력의 철저한 검정과 선택은 우리의 의무이자 권리이다. 아마추어 정치인 때문에 임기 내내 속을 끓여온 지역민이 있다면 그 책임 또한 본인과 유관함을 잊지 말아야 할 것이다.

(2010)

눈물 없는 시대의 문학

1

눈물이 메말라가고 있다. 흔히 해외로 떠나는 부모 자식 간의 이별이나 결혼식장에서 혹은 오랜만에 어머니 품에 돌아온 아들딸들 누구도 쉽게 눈물을 흘리지 않는다. 그런 분위기 때문은 아니지만 시詩에서도 쉽게 감정 유로의 흔적을 보이려고 하지 않는다. 소월은 눈물이 곧 흐를 듯한 애잔한 시를 썼고 박용래는 실제 생활 속에서 많은 눈물을 흘리곤 했다. 그런데 왜 눈물이 사라지고 있을까?

나는 그 첫 번째 원인으로 정서의 불안정성 혹은 메마름을 생각한다. 이렇게 치열하게 경쟁하고 그 경쟁에서 이긴 사람만이 살아남는 세상에서 눈물이란 패자의 징표 이상의 의미가 있을까 하는 생각에서이다. 두 번째로는 중앙대 용산병원 김재찬 교수팀의 안구건조증 조사 결과와 같은 것이다. 김 교수팀은 18~59세의 성인 남녀 1000명을 대상으로 안구건조증을 조사한 결과 75%가 안구건조증 증세를 나타냈다는 것이다. 그 보고서는 남성보다 여성이 심하고 나이가 들수록 심하다고 한다. 안구건조증을 예방하기 위해 실내 습도를 가능한 한 60%로 유지하고 눈물의 과도한 증발을 막아야 하기 때문에 평소 물을 자주 마시고, 먼지나 매연이 심한 곳에서는 안경을 쓰는 것이 좋다고 한다. 두 번째와 같은 과학적 보고서를 읽고도 나는 사실 첫 번째 원인을 더 심각하게 고민해야 한다고 생각한다.

이런 삭막한 시대에 아직도 모국어를 다듬어서 독자의 가슴을 열어보겠다는 우리 문인들은 무모해 보일지 모르지만 정말 소중한 사람이라는 긍지와 아울러 사명감을 느낄 만하다고 생각한다. 이 단언은 역으로 우리가 몸담고 있는 세상이 얼마나 비예술적이고 각박한가를 증명해 주는 것이기도 하다.

2

'눈물이 없는 시대'라는 말은 감동하기 어려운 시대란 뜻이기도 하다. 감동하기 어려운 시대에도 유년은 우리의 긴장을 풀어주는 추억이 있는 시기이다. 그래서 동심은 소중하다고 다들 공감하면서 그 동심을 갖게 하기 위해 아동문학가들은 노력을 한다.

> 혼자 들길 가는데
> 길 모를까봐
> 찔레향이 코끝에 앉았다
>
> 길가에 나와 앉아
> 반기는 하얀 꽃무더기
> 꽃잔치 열어놓고 길을 간다
>
> 우리 집까지 따라온
> 찔레꽃 향기
> 방 안에 담아두었다
>
> — 이창규, 「하얀 찔레꽃」

농경사회에 살았던 어른들에겐 이창규 시인이 공들인 이 동시 한 편이 아른거리는 고향 풍경을 열어준다. 그러나 요즈음 아이들은 또 어떤 느낌으로 이 시를 대할지 궁금하다. 찔레꽃 향기만은 함께 누릴 수 있는 아름다움이리라 생각한다.

어차피 생이란 허방을 건너는 일, 맨땅에 머릴 박고 거꾸로 서

는 일, 안개 낀 내일이 두려워 이천원짜리 희망을 산다

— 서일옥, 「로또복권을 사며」

    이창규 시인이 농경사회의 정서를 얼마간 옮겨 심었다고 한다면 서일옥 시인은 삭막한 오늘을 포착해서 노래하고 있다고 할 것이다. 그의 성공작 「무료급식소」, 「니나」 등이 보여주는 바와 같이 첨예한 현실을 잘 교직한 오늘의 시조를 독자에게 보여주려는 투철한 작가정신을 읽게 된다.

(2007)

문화예술교육과 구안具眼

"문화예술교육을 받은 학생들은 호기심, 학습능력이 뛰어날 뿐 아니라 창조성과 사회성도 좋습니다. 그래서 유럽에서는 문화예술교육이 다른 교과들과 동등한 위치를 차지하고 있습니다."

한국문화예술교육 진흥원 주최로 열렸던 한 세미나에서 오스트리아 미하엘 버머 대표가 한 말이다. 그는 또 단순한 인지능력을 키우기 보다는 비판적 사고 능력, 혁신적 창조력, 사회적 적극성 등을 계발해야 하는데 문화예술교육이 그 바탕이라는 주장을 펴기도 했다. 문화예술교육은 분명 21세기 우리 모두가 심혈을 기울여 성공적으로 실현해야 할 교육의 한 분야이다.

밀양교육청은 그 중요성을 인식하여 전국에서 처음으로 문화예술 영재 32명을 선발해서 2008학년도부터 교육을 실시할 계획으로 있다. 연극촌, 영화학교가 가까이 있어서 뛰어난 예술 감독과 시나리오 작가 그리고 배우들을 직접 만날 수 있고 또 작품을 보고 읽을 수 있고 지도를 받을 수 있다는 이점 때문에 수학, 과학 영재반 못지않게 지역민이나 예술분야 관계자들의 관심을 끌고 있다. 이러한 영재교육이 아니라도 문화예술교육은 좀 더 강조되어야 한다는 것이 최근 더욱 굳어진 우리의 지론이기도 하다. 그 지론을 뒷받침할 만한 생각들은 적지 않다.

가령 언어생활에 대해 얘기해 보자. 사회가 열리고 사람들은 이제 자신의 의견을 개진할 기회가 많아졌다. 훨씬 자유로워졌다. 그렇다면 더 다양한 유머와 상대를 불편하게 하지 않으면서도 자신의 감정을 전달할 수 있는 언어기술이 발달함직하다. 그런데 지도층의 언어품격이 시정언어 수준이고 그 효과와 관계 없이 영상매체들은 경박하기 이를 데 없고 사이버상의 댓글들은 악마의 대변인처럼 날뛰고 있다. 문화예술교육이 활성화되었다면 이런 풍경은 많이 감소되었을 것이다.

창의성교육 문제도 그렇다. 창의성교육이라는 전문 교육 분야를 전공으로 연구하는 학자도 있고 창의력 신장을 위해 독서 등 여러 방법을 강구하기도 한다. 그런데 문화예술교육만큼 철저한 창의성교육이 어디에 있을까? 똑같이 세상을 해석해서 작품을 만들면 수요자가 고개를 돌려버리는 것이 예술세계이다. 따라서 예술교육이 성공적으로 이루어지면 창의성교육의 성공은 당연히 이루어진다는 것이다.

또 이제 이틀이나 휴일을 갖는 우리나라에서 문화예술교육을 통해 보고, 참여하고, 즐기는 법을 가르치지 않으면 청소년뿐 아니라 모든 국민이 점점 저속해지고 폭력적이 되고 에고이스트가 된다는 것이다.

열린 사고의 면에서도 그렇다. 예술분야만큼 열린 사고를 필요로 하는 곳은 없다. 예술이 경직화되면 신선도가 떨어지고 참신성이 없어지게 미련이다. 그래서 자생적으로 비판의 눈을 가지게 된다. 그것이 구안具眼이다. 저급한 것과 고급한 것을 구분하고 낡은 것과 참신한 것을 구분하고 균형 잡힌 것과 어지러운 것을 구분할 수 있는 눈을 문화예술교육을 통해 가장 바르게 가질 수 있다. 그것이 안목이고 그 안목은 비판의식이 없으면 형성되지 않는다. 많이 보고 많이 느끼지 않으면 가질 수가 없다. 인간에게 문화예술은 삶의 가치를, 살아있음의 소중함을 깨닫게 하고 자신의 심정을 표현하게 하고 새로운 희망을 갖게 하고 아름다움의 소중함을 알게 한다.

연극촌, 영화학교, 예술촌 등 잘 갖추어진 지역의 문화예술 인프라와 지자체, 교육기관의 사명감, 열의 그리고 학부모의 헌신적인 뒷받침이 한 중소도시 교육의 새로운 개성으로 가꾸어져서 문화예술교육에 목마른 학생들에게 오아시스가 될 수 있을지는 좀 더 두고 보아야 할 것이다.

    그러나 이러한 문화예술 영재교육의 실험은 실험이 아니라 당연히 가야 할 정상 교육의 한 과정이라는 사실은 분명하다. 아울러 전 교육과정을 통해서 모든 학생들에게 문화예술 교육이 효과적으로 이루어져서 우리 삶의 질이 좀 더 향상되어야 한다고 생각한다.

    품격을 중시하는 사회, 정을 나누는 사회, 사람 사는 재미를 알고 실천하는 사회, 아름다움의 소중함을 알고 가꾸고자 노력하는 사회가 되는데 문화예술 교육만큼 효과적인 교육이 또 있을까 하는 확신에서이다.

(2008)

양념 혹은 조연 이야기

 어느 날 김포 공항에서 오랜만에 고국에 돌아오는 백남준 씨에게 기자가 물었다. "그동안 무얼 하고 계셨어요?"라고. 백남준 씨는 익살맞은 표정으로 "재미없는 세상 양념치고 다녔지"라고 대답했다. 워낙 해프닝에 능한 예술인이라 무언가 다른 함정을 만들어 말하는 것 같지만 이 멘트는 그대로 받아들여도 좋은 예술의 효용성에 관한 얘기이다.
 예술은 사람을 사람답게 하기도 하고 재미있게 하기도 하고 우리가 익히 알고 있는 많은 사물들을 새롭게 보게 하기도 하기 때문이다. 가령 보릿고개나 6·25를 겪은 세대들이라면 허장강, 김희갑 같은 배우나 배삼룡, 구봉서, 서영춘과 같은 코미디언을 잊을 수 없을 것이다. 배고프고 힘들었던 시기의 하루

하루를 견디어 내는데 이 예술인들의 도움이 얼마나 컸던가를 느끼기 때문이다. 물론 요즈음도 예외는 아니다. 가령 임현식, 최주봉, 윤문식 혹은 박인환 같은 탤런트가 드라마나 연극무대에서 소박한 조연으로 빚어내는 구수한 언어와 코믹한 연기 때문에 시간에 매이는 시청자가 적지 않다. 특히 이런 배우의 경우 주연이 아닐 때가 더 빛난다. 띄엄띄엄 시청자에게 얼굴을 보이지만 개그맨 전유성 같은 경우도 그렇다.

양념역할이란 비단 예술세계에서만 있는 것은 아니다. 너무나 정치적이라서 너무나 많은 갈등을 만들어내고 또 그 갈등을 푸느라고 많은 시간을 낭비하는 우리나라에서는 정치뿐 아니라 사회, 경제 아니 우리 생활 전반에도 양념이 있어야 한다. 이런 경우 양념역할은 영화의 조연역할이라고 할 수 있을 것이다. 박정희 시대에 조연으로는 청와대의 육영수 여사, 경제계엔 남덕우씨 등이 얼른 떠오르는 그런 역할의 얼굴들이다.

이런 조연들이 국민들의 감동을 불러일으키기 위해서는 몇 가지 미덕을 실천해야 한다. 첫째 욕심을 안보여야 한다. 욕심이 있다면 국가이익에 관한 욕심이어야 한다. 개인의 미래를 위해 위장된 조연은 조연 그 자체의 역할일 수가 없다. 둘째는 겸손해야 한다. 동료에게 너그럽고 국민들에게는 한없이 공손하고 스스로에게는 엄격한 사람이어야 한다. 셋째로는 갈등을 일으키기보다 갈등을 치유하기 위해 노력해야 하고 스스로 만든 갈등이 아니라도 스스로 만든 것처럼 묵묵히 비난받으면서 해결에 앞장서야 한다. 분명 억울한 역할이다. 그 역할을 맡아 손해 보는 듯하지만 국민은 다 안다. 넷째로는 주연보다 오버하는 말이나 행동을 해선 곤란하다. 그렇게 앞서 나가면 자기의 미래까지 망치게 된다. 일시적으로 인기를 얻을 수 있지만 미래가 보장되지 않는다. YS시절의 어느 국무총리나 당대표가 그런 예일 것이다. 마지막으로 조연은 주연이 챙기기 어려운 그늘진 곳을 찾아내어 보살피고 험한 일, 격이 낮은 일을 즐겁게 할 수 있어야 한다.

그렇다면 우리시대는 과연 그런 조연이 있는가? 아무리 찾아보아도 잘 보이지 않는다. 박근혜씨는 이미 주연의 한사람이다. 멋있는 조연이 될 가능성이 있는 사람이 있다면 정운찬 총리 같은 사람이 아닐까. 세종시 문제에 갇혀 갖은 고생을 다 하고 있지만 용산사태 해결을 위한 노력, 남북어린이 돕기 관련자와의 만찬, 외교사절과의 오찬 등 분주한 나날을 소화하면서도 말이나 행동이 겸손하고 어느 레벨 이상의 오버가 없다. 충청권출신 총리로서 임명될 때부터 화제의 중심에 설 수밖에 없었고 그 결실은 국민의 여론에 달렸다. 그러나 일하는 조연으로서 그의 이미지는 정책의 실천과 관계없이 신뢰성의 순도만은 높아 보인다.

시대가 인재를 만든다. 우리들이 늘 느끼는 바이지만 사회는 민주적이면서도 추진력 있는 리더십을 요구한다. 너무 절차에 의존하면 추진력에 문제가 생기고 지나치게 추진력에 포인트를 두면 절차에 문제가 생긴다. 이런 때 일수록 의미 있는 조연이 필요하다. 자칫 메마르기 쉬운 영화의 어느 장면에 양념 같은 조연의 연기력으로 분위기를 살리듯 치열하게 논쟁을 벌이고 이판사판으로 투쟁을 할 때 적절한 친화의 장을 만들어 서로의 생각을 이해하고 서로 양보할 수 있는 명분을 만드는 능력을 지닌 사람들이 필요하다. 특히 우리나라 정치판에선 더 절실히 요구되는 인재이다. 주 스토리가 있고 그 스토리 중간 중간에 끼어드는 삽화처럼 적절한 거리에서 이타적인 안목으로 두루 살펴서 타협을 이끌 수 있는 인재를 옛날에는 사쿠라라고 비난한 적이 있었다. 그래서 강성은 국익과 관계없이 그 선명성으로 국민의 신뢰와 인기를 얻는 경우가 많았다. 민주주의도 이제 정착된 이 시대에는 타협과 조정은 마주보고 달리는 두 열차의 충돌을 막는 지혜이지 교활한 회색분자가 아니다.

   누구든지 좋다. 과열되어가는 정국, 언제 터질지 모르는 뇌관을 식혀서 차분하게 세상을 보게 하는 인재가 나와야 한다. 본질에 조금 비켜나 있어도 상관없다. 국민들은 예의 주시하고 있다, 누가 난마처럼 얽힌 이 정국을 푸는 의미 있는 양념의 역할을 해내는가를.

(2009)

성파 스님 생각

통도사는 이제 우리 정신의 본당처럼 친숙하게 자리해 있다. 성파 스님이 서운암에 계시기 때문이다. 세속을 멀리하고 계시면 동적인 일보다는 정적인 일에 더 관심을 가지게 마련이다. 고요한 사찰의 분위기가 그렇고 스님들의 일상이 그렇다고 나는 평소에 생각해 왔다. 그런데 이 고정 관념을 깨뜨리게 하신 분이 성파 스님이다.

정신적 구도 활동이야 물론 왕성하시겠지만 직접 노동의 보람까지 향유하시는 이렇게 바쁜 스님을 일찍이 본 적이 없기 때문이다. 도자팔만대장경 제작이나 시조 후원 사업도 놀라운 일 중의 하나지만 중국에 가서 화가가 되어 돌아오신 것은 어떤 설명으로도 이해하기 어려운 자기 수행의 본보기가 아닐까 생각된다. 이국땅에서 언어 문제, 식사 문제도 적지 않은 고난이었겠지만 수준 높은 필력으로 중국화단에 등단하는 일이 아무나 할 수 있는 성취는 아니기 때문이다.

야생화 재배의 성과도 그렇다. 그냥 소꿉놀이처럼 하는 장난이 아니다. 그 성과는 우리나라 야생화를 모두 모아놓은 것 같은 감격을 맛볼 수 있다. 앞으로 통도사에 관광객이 계속 증가한다면 그 역할은 성파 큰스님의 이러한 공이 그 원인이 되리라 생각한다. 그런 청년 같은 푸른 기개와 자상한 심성과 치밀하고 예측 불가능한 세상 경영의 능력을 가지신 스님께서 고희에 이르러셨다니 믿어지지 않을 뿐이다.

늘 지금처럼 건강하셔서 더 많은 자연사랑 문화사랑의 공덕을 쌓으셔서 부처님의 자비를 세상에 펴시길 기원 드린다. 아울러 우리 민족의 정형시인 시조에 대해 베풀어주신 은혜만큼 범 경남시조시단의 각고의 노력과 그 결실이 있으리라 기대한다.

봄이 오면 이팝나무 환한 풍경 속에서 환히 웃으며 서 계시는 스님의 모습을 보고 싶다.

(2007)

부드러운 사람을 기다리며

1

『중국의 명언과 지혜』에는 다음과 같은 에피소드가 실려 있다.

후한의 광무제는 천하를 평정한지 얼마 되지 않아서 고향땅 하남성에서 일가친척을 모아놓고 주연을 베풀었다. 그 자리에는 백모와 숙모도 끼었는데 "문숙(제왕의 아명)님은 평소 사람과 교제하는데도 까다로운 태도를 보이지 않았고 만사를 정직하고 조심스러워 하는 인품이었는데 황제가 되시다니…."라고 얘기하고 사람이란 겉보기와는 다른 것이로구나 하는 생각을 하고 있었다. 그때 제왕은 웃으면서 "바로 그것입니다. 나의 처세법은, 내가 천하를 다스리는 것도 역시 유柔의 길을 따르려고 생각하고 있습니다."라고 했다.

어느날 흉노가 기근으로 국력이 쇠퇴했다는 소문을 들은 광무제 휘하에 있던 맹장 마무는 "이 좋은 기회를 놓쳐서는 안 됩니다. 즉각 출격하도록 명하여 주시옵소서"하고 간청했으나 광무제는 서두르는 장군들에게 옛날의 병가 황석공의 『포유기包柔記』에 나오는 말을 인용하여 다음과 같이 훈계했다.

"유능제강柔能制剛하고 약능승강弱能勝强이라고 하였느니라. 지금 중국이 강한 나라라고 자만하고 흉노를 유약한 적이라 하여 덤빈다면, 강한 우리 군대는 반드시 방심하게 되며 약한 흉노군은 필사적으로 분기할 것이 틀림없다. 그렇게 되면 강한 아군은 오히려 패배를 당하게 될 것이니라. 더구나 중국의 백성은 오랜 전란으로 매우 지쳐있다. 원정으로 인해 더 이상 괴롭혀서는 안 되느니라."

2

내게 시조를 가르쳐주신 은사는 이영도 선생이다. 오랫동안 자유시를 쓰다 다른 공부를 위해 덮어버린 그 지독한 마력의 문학에 다시 빠져들게 한 분이다.

일주일에 5편 혹은 10편씩 작품을 써 보내놓고 답장을 기다리곤 했다. 그럴 때마다 칭찬 대신 받곤 하던 귀한 훈계의 말

쏨이 있다.

 "말이 강하다고 뜻이 강해지는 것이 아니다. 말은 부드럽고 뜻이 강한 시가 좋은 시다" 쉽지만 실천하기 어려운 이 훈계를 지금도 떠올리며 원고지 앞에 앉는다.

3

 경인년이다. 호랑이 해다. 호랑이 담배 피우던 시절부터 호랑이는 우리와 함께 했다. 건국신화인 단군신화에도 호랑이가 등장하고 사방위신을 표현하는 사신도에도 백호가 등장한다. 고구려 약수리 고분, 삼실총, 무용총 등엔 이런 사신도가 나온다. 또 우리 조상들은 한반도를 호랑이의 형상이라 믿었다. 한반도의 꼬리부분 지명이 호미곶이란 것으로도 그 사실을 증명한다. 그러나 지금 산에는 호랑이가 없다. 여러 방송프로에서 호랑이의 서식 가능성을 추적해서 다루기도 했지만 정작 명확하게 본 사람은 없다. 우리는 동물원에 있는 호랑이가 아니라 우리의 산천에 뛰노는 호랑이를 보고 싶어 한다. 호랑이는 잡귀를 물리치는 명물, 선악의 심판관으로 그려져서 산악숭배사상과 산신신앙에서는 신으로 군림하기도 한다. 병을 막아주고 복을 가져다주는 호랑이가 민화에서는 위엄보다는 오히려 해학적인 모습으로 바뀌어 까치와 함께 호작도虎鵲圖로 그려진다. 호랑이가 보고 싶다.

북한에는 호랑이가 서식할 수 있으리라 생각된다. 우리도 수목을 잘 지키면 그런 환경이 조성되리라고 본다. 그러나 우리가 더 절실히 찾아야 할 호랑이는 산에 사는 호랑이가 아니라 마음속의 호랑이다. 용맹하면서도 너그럽고 우둔한 척하면서도 지혜롭고 평범한 듯하면서도 선악의 구별이 분명한 우리 마음속의 호랑이 한 마리가 필요하다. 모든 백성 한 사람 한 사람이 주인이 되는 세상에서 그런 호랑이는 이빨을 드러내며 민심을 위협하고 때도 장소도 없이 포효하는 버릇없는 야수가 아니다.

올해는 선거가 있는 해이다. 누가 부드러우면서도 강한 일꾼이 될 것인가, 누가 강하기 때문에 부드러운 리더십으로 우리 앞에 다가설 것인가 궁금하다. 그런 사람을 기다리면서 우리 스스로 그런 사람이 되려고 노력했으면 한다.

(2010)

이우걸

1946년 경남 창녕 출생.
경북 대학교 역사 교육학과와 경희대 교육대학원 졸업.
1973년 《현대시학》으로 등단.
시집으로 『지금은 누군가 와서』, 『빈배에 앉아』, 『저녁 이미지』, 『사전을 뒤적이며』, 『맹인』, 『나를 운반해온 시간의 발자국이여』 등이 있고 시선집으로 『지상의 밤』, 『나는 아직도 안녕이라 말할 수 없다』, 『그대 보내려고 강가에 나온 날은』, 사화집으로 『네 사람의 얼굴』이 있으며 평론집으로 『현대 시조의 쟁점』, 『우수의 지평』, 『젊은 시조문학 개성 읽기』, 산문집으로 『질문의 품위』가 있음.
중앙시조대상, 가람시조문학상, 이호우시조문학상, 정운시조문학상, 한국문학상, 마·창 시민불교 문화상, 성파시조문학상 등 수상.
경상남도 밀양교육장, 오늘의 시조시인 회의 의장, 경남 문인협회장을 역임했으며 현재 경남문학관 관장으로 재직하고 있음. leewg1215@hanmail.net

질문의 품위

2010년 5월 12일 초판 1쇄 인쇄
2010년 5월 20일 초판 1쇄 발행

지은이 | 이우걸
펴낸이 | 孫貞順
펴낸곳 | 도서출판 작가
        서울 서대문구 북아현3동 1-1278 (우-120-866)
        전화 | 365-8111~2 팩스 | 365-8110
        이메일 | morebook@morebook.co.kr
        홈페이지 | www.morebook.co.kr
        등록번호 | 제13-630호(2000.2.9.)

편집 | 손순희 조랑   디자인 | 오경은
영업 | 손원대 설동근   관 리 | 이용승

ISBN 978-89-89251-97-2

* 잘못된 책은 구입하신 서점에서 바꾸어 드립니다.
* 지은이와의 협의 하에 인지를 붙이지 않습니다.

값 10,000원